何かが起きる前に、
誰かが傷つく前に

「週1回×10分間」で学べる安全教育

山崎 雅史 著

明治図書

はじめに

　「おはよう」から始まり「さようなら」で終わる学校の一日。毎日，様々な活動ができているのは，安全だからということを見落としていませんか。日々過ごしていると，安全であることが当たり前になってしまい，安全への意識が薄れてしまいます。そんなとき，どこかで事件・事故が発生し，そのことを取り上げ，「気をつけましょう」と注意喚起をする。それでよいのでしょうか。私は，それではいけないと思っています。誰もが自分の身は自分で守る知識や技能を身に付けなければなりません。そのためには学ぶ機会が必要です。どこかで何かが起こり，誰かが傷ついてから学ぶのではなく，誰もが安全に過ごせるように，日々の教育活動の中で安全教育を進める必要があると考えています。

　安全教育に関する内容は，交通安全や自然災害，熱中症，水難事故，日常生活における安全，インターネットやSNS利用に関すること等，多岐にわたっています。これら一つ一つを扱い，進めていくための指導時間を確保することは困難でしょう。しかし，先生方は，既に実施している各教科等の内容の中で，安全教育に関する多くの内容を扱っています。大切なのは，先生方が，安全教育を実施しているという意識を持っているかどうかです。意識をすれば，先生方の安全に対するアンテナはより一層高くなり，情報収集や話題提供を負担感なく行えるようになります。それが子どもと教師の安全に関する資質・能力を育むことに繋がるのです。

　本書を手に取ってくださっているあなたは，既に安全に関する意識を高くお持ちの方です。個人の意識や行動は，職場の先生方へも影響を与えます。是非，あなたの安全に関する高い意識を，職場の先生方へも広げ，学校安全文化を子どもとともに創りあげてください。

　全ての教育活動は子どもと教師の安全の上に成り立っているのですから。
2025年1月

山崎　雅史

CONTENTS

はじめに 2

Chapter 1 起こってからでは遅い！
安全教育を日常化するためのアイデア

1 安全教育とは ……………………………………………… 10
2 安全教育の必要性 ………………………………………… 12
3 安全教育の課題 …………………………………………… 14
4 本書の使い方 ……………………………………………… 16
5 安全教育を進めよう ……………………………………… 18

Chapter 2 朝の会，帰りの会，授業のはじめにそのまま使える！
週1回×10分間の安全教育シナリオ

生活安全

1 基本的な生活におけるルールやマナー …………………… 20
　低学年　あいさつは何のためにするのか　21
　中学年　決まりを守らずに困るのは誰か　22
　高学年　ルールとマナーの違いは　23
2 熱中症 ……………………………………………………… 24
　低学年　熱中症になるとどうなるの　25
　中学年　熱中症にならない自信はありますか　26
　高学年　友だちを熱中症から守ろう　27
3 廊下の事故防止 …………………………………………… 28
　低学年　廊下の正しい使い方は　29
　中学年　なぜ廊下を走ってしまうのか　30
　高学年　みんなが安全に過ごすために　31

3

4 水難事故防止 ──────────────────────────── 32

低学年　プールを安全に利用するために　　33

中学年　水辺に潜む危険　34

高学年　溺れている人を見かけたら　35

5 運動場での事故防止 ──────────────────── 36

低学年　怪我をしたらすることは　37

中学年　どんな怪我が多いのかな　38

高学年　大きな怪我が起こってしまったら　39

6 校内での防犯対策 ──────────────────── 40

低学年　授業中の避難行動は　41

中学年　休み時間の避難行動は　42

高学年　不審な人，不審な行動に気づくためには　43

7 校外での防犯対策 ──────────────────── 44

低学年　不審な人ってどんな人　45

中学年　知らない人に声をかけられたら　46

高学年　不審な行動を察知する力　47

8 体育の時間の事故防止 ──────────────── 48

低学年　用具の準備で気をつけること　49

中学年　跳び箱運動の事故防止　50

高学年　バスケットボールでの事故防止　51

9 刃物や尖った物等を使用する際の安全指導 ──── 52

低学年　はさみを安全に使うために　53

中学年　刃物以外で気をつけるべきもの　54

高学年　安全に使用するための共通点　55

10 校内の危険な場所 ──────────────────── 56

低学年　運動場の危険な箇所と対策　57

中学年　校舎内の危険な箇所と対策　58

高学年　安全点検の視点　59

交通安全

11 道路，横断歩道の歩行 ──────────────── 60

低学年　横断歩道を渡るとき　　61

中学年　歩行場所と待機場所　　62

高学年　加害者にならないために　　63

12 見通しの悪い場所 ──────────────── 64

低学年　交差点に潜む危険　　65

中学年　カーブや坂道に潜む危険　　66

高学年　先が見えないことによる危険　　67

13 雨天時の歩行 ──────────────── 68

低学年　傘を使うときの歩き方　　69

中学年　歩行空間への意識　　70

高学年　起こりうる事故と事故防止　　71

14 公共の場の使い方 ──────────────── 72

低学年　道路での遊び　　73

中学年　公園の利用と交通事故　　74

高学年　公共施設の利用とマナー　　75

15 公共交通機関や移動手段の利用 ──────────── 76

低学年　エスカレーターの安全な利用　　77

中学年　優先席について　　78

高学年　誰もが利用しやすくするために　　79

16 日が短い時期の歩行者事故 ──────────── 80

低学年　暗い道を歩くときに気をつけること　　81

中学年　気づいてもらう工夫　　82

高学年　事故事例や自身の行動から考える　　83

17 自転車利用①（安全な自転車利用） ······ 84
低学年　自転車利用のリスクとベネフィット　　85
中学年　自転車点検　　86
高学年　自転車利用時のルール　　87

18 自転車利用②（事故防止） ······ 88
低学年　歩行者視点での事故防止　　89
中学年　自転車利用時の事故防止　　90
高学年　加害者にならないために　　91

19 危険情報の収集 ······ 92
低学年　目からの情報　　93
中学年　耳からの情報　　94
高学年　ニュースから自分の行動を考える　　95

災害安全

20 地震発生時の行動① ······ 96
低学年　避難行動の振り返り　　97
中学年　寝ているときの避難行動　　98
高学年　休み時間，他者への意識　　99

21 地震発生時の行動② ······ 100
低学年　休み時間の避難行動　　101
中学年　○○の部屋での避難行動　　102
高学年　登下校中，他者への意識　　103

22 台風から身を守る ······ 104
低学年　台風の危険　　105
中学年　台風対策　　106
高学年　公共の場の台風対策　　107

23	ゲリラ豪雨から身を守る	108

低学年　視界の悪さがもたらす危険　109

中学年　冠水，洪水，土砂災害による被害　110

高学年　避難行動をとるための情報　111

24	落雷事故の防止	112

低学年　避難行動（学校内）　113

中学年　避難行動（学校外）　114

高学年　遊んでいるときや出かけなければならないとき　115

25	地震に備える	116

低学年　３つの「ない」対策　117

中学年　備蓄品　118

高学年　地震後の行動　119

26	火災から身を守る	120

低学年　避難行動　121

中学年　119番通報　122

高学年　出火場所と避難経路　123

27	過去の震災から学ぶ	124

低学年　生活に必要なもの　125

中学年　避難所で困ること　126

高学年　避難所でできること　127

現代的諸課題

28	性に関する指導	128

低学年　プライベートゾーン　129

中学年　接触遊びによる被害　130

高学年　パーソナルスペース　131

CONTENTS　7

29 食物アレルギーについて ―――――― 132

低学年　食物アレルギーとは　133

中学年　友だちとの関わり方　134

高学年　食物アレルギー症状が発症したら　135

30 インターネットの利用 ―――――――― 136

低学年　パスワード管理　137

中学年　情報の取り扱い　138

高学年　生成 AI　139

31 SNS の使い方 ―――――――――――― 140

低学年　メッセージの書き方　141

中学年　文字情報発信のリスク　142

高学年　情報発信のメリットとデメリット　143

32 お金の扱い方 ―――――――――――― 144

低学年　物の交換やあげる，貰う　145

中学年　お金の価値　146

高学年　キャッシュレス決済の利用　147

33 著作権 ――――――――――――――― 148

低学年　作品は自分のもの　149

中学年　真似することは　150

高学年　資料作成時の注意点　151

34 危険生物 ―――――――――――――― 152

低学年　校内での危険　153

中学年　校外での危険　154

高学年　野生動物（サル，クマ，イノシシなど）　155

35 感染症の対策 ―――――――――――― 156

低学年　手洗い指導　157

中学年　公共の場での咳エチケット　158

高学年　感染症予防の環境づくり　159

Chapter **1**

起こってからでは遅い！

安全教育を
日常化するための
アイデア

1 安全教育とは

1 安全教育とは

　小学校では○○教育という言葉が溢れています。その中の１つに安全教育もあると捉える先生が多いのではないでしょうか。交通事故や熱中症，水辺の事故，野生動物，インターネット，自然災害など，安全に関するニュースは毎日のように報道されています。これは，普段の生活の中に，様々な危険が存在していることを表しています。安全に生活を送るためには，それらを回避しなければなりません。安全は，全ての活動の根底にあるものです。言い換えれば，安全だから，全ての活動が成り立っているということです。年齢が幼いうちは，自分が安全に過ごすために，多くの人に支えられています。しかし，年を重ねるうちに，人に守ってもらうのではなく，自分の身は自分で守る，そして，人を守る存在となり，安全な社会を創る大人へと成長することが社会構造上，必要とされています。そのためにも，子どもの頃からの安全教育が必要なのではないでしょうか。

　学校保健安全法第二十七条で，学校安全計画の策定が義務付けられています。計画を策定する事項の１つに「通学を含めた学校生活その他の日常生活における安全に関する指導」と記述されていることから，安全教育は取り組まなければならないものなのです。

2 安全教育に取り組んでいるか

　この質問に対して，あなたならどのように答えますか。地震や火災発生時の避難訓練に取り組んでいるから，取り組んでいると答えますか。日々取り

組んでいるというよりも，交通安全教室や防犯教室など，行事として取り組んでいるものばかりだから自信を持って取り組んでいるとは言いにくいでしょうか。では，安全教育とはどのようなものなのでしょう。私は，安全教育は，学校生活を含めた日常生活を安全に過ごすために必要な知識や技能を身に付けること，そして，身に付けた知識や技能を活かし，事象ごとに，安全な行動を考え，行動選択をし，実行できる力を身に付けるための教育であると考えています。ですから，安全に関する様々な事象について考える機会を設定することが，安全教育には大切であると考えています。

3 安全教育の内容

① 安全教育の3領域

　内容は多岐にわたりますが，3つの領域に分けて考えてみましょう。
・生活安全（生活場面における内容：怪我，防犯，熱中症，水難等）
・交通安全（交通場面における内容：歩行，自転車，規則，公共交通機関等）
・災害安全（災害に関する内容：火災，地震・津波，風水害，落雷，減災等）
　学校のおかれている環境や地域によって，取り組むべき優先順位に多少の差はあるかもしれませんが，子どもが生活する上では，いずれも必要だと思いませんか。これらの内容を漏れなく，そして偏りなく扱うためには，計画的に進めなければならないことに気づくのではないでしょうか。

② 現代的諸課題

　急速に進む情報化や急激な社会状況の変化から，子どもを取り巻く安全に関する事象も今まで以上に広がりを見せています。スマートフォン利用の低年齢化やSNSの利用，性犯罪や性暴力，新たな危機事象，お金の扱いなど，考えるべき内容は増える一方です。時代とともに変化するこれらの内容は現代的諸課題としてまとめられることがあります。これらも含めた安全教育を，限られた時間の中でどのように進めていけばよいのでしょうか。

2 安全教育の必要性

1 誰のための安全教育か

　学校で安全教育に取り組むのは，子どもが安全に生きていくために必要な力を身に付けなければならないからです。何かに定められているからとりあえず実施するという形式的な学習や，去年はこのように実施したから今年も同じように実施するという前例踏襲の考え方でよいのでしょうか。例えば地震発生時の避難訓練を例に考えてみます。休み時間に地震が発生するという想定で訓練を実施している学校は多いでしょう。ある学校では，緊急地震速報のアナウンスとともに，子どもは自分の席に戻り，自分の机の下に避難したそうです。全員が自分の席の近くにいたのなら，それで問題はないかもしれません。しかし，休み時間はトイレに行っているかもしれないし，廊下にいるかもしれません。それぞれが別々の行動をしています。そう考えるとどのように避難するのがよいのでしょうか。運動場や体育館に避難する際には，怪我をしている子どもや先生がいるかもしれませんし，余震がくるかもしれません，停電することも想定されます。このように実際には，という視点で教師が考えることで，子どもが身に付ける力も実効性のある力に変わっていくはずですし，それこそが本来必要な力なのではないでしょうか。

2 安全教育はいつするのか

　安全教育の必要性を感じるのはいつでしょうか。多くの場合，どこかで大きな事件・事故が生起した直後ではないでしょうか。「〇〇でこんな事件・事故がありましたが知っていますか？　みなさんも気をつけましょうね」と

いう教師の言葉が思い浮かびます。この教師は，事件・事故に関する情報を収集しているという点では優秀です。しかし，これだけでは多くの子どもは考えません。何がどう危険で，何に気をつけるのか，自分たちの身の回りではどうなのか，と一歩踏み込んで話をする必要があります。とはいえ，本来，未然防止が重要なはずです。自分には被害が及んでいなくても，どこかで誰かが被害に遭ってから考えるのではなく，誰もが安全に暮らせるように，何かが起こる前に考えることが重要なのではないでしょうか。安全に関する情報は日々の生活の中に溢れています。常にアンテナを高くしておくだけで，いつでも安全教育を実施できるようになります。

3 安全に関する意識

① 教師の意識

　教師が安全に関する情報を収集して，子どもに話題提供をし，子どもが一歩踏み込んで考える活動を行うためには，やはり教師の安全に関する意識が重要になります。では，どのようにして教師の意識を高めるのか。この本を手に取っているあなたは既に意識が高い，もしくは意識が高まっているところです。是非，その意識を職場の先生方へ発信してください。あなたの意識や行動が，集団の意識や行動にも影響を与えるはずです。お互いに高め合える教職員集団を目指しましょう。

② 子どもの意識

　子どもの安全に関する意識を高め，子どもが自分の身は自分で守れるようになることが重要です。そのために，教師の意識を高める必要があります。教師の意識が高まり，安全に関する話題が増え，理解が深まり，行動が変われば，自ずと子どもの意識や行動も変わります。そこをさらに評価し，価値付けることで，子どもを含めた学校安全文化の醸成に繋がります。子どもは教師のことをよく見ていますからね。

Chapter 1　安全教育を日常化するためのアイデア　13

3 安全教育の課題

1 何といっても指導時間の確保

　安全教育を実施する上での一番の課題は，指導時間の確保ではないでしょうか。指導時間が確保されていないことから，いつ，どの時間に学習活動を行えばよいのかわからない，時間が確保されていないから実施できない，というのが実際のところだと思います。これは10年以上も前から指摘されている課題です。学習指導要領の総則には，「安全に関する指導（中略）については，体育科，家庭科及び特別活動の時間はもとより，各教科，道徳科，外国語活動及び総合的な学習の時間などにおいてもそれぞれの特質に応じて適切に行うよう努めること。」と記述されています。これは各教科等の時間の中で，関連する内容を扱うときには，安全教育の視点も加えながら，指導することができると捉えることができます。そう考えると，安全教育を進めるためには，何か新たなことを取り組む必要はなく，これまで通りの学習活動に安全の視点を加えることが重要であることに気づきます。そのためには，教師一人一人が安全に関する意識を高め，安全の視点を広く持つことから始めなければなりません。

2 安全教育の考え方

　では，実際に子どもが直面する多くの事象に対して，どのように扱っていけばよいのでしょうか。それらの内容を整理し，計画的に安全教育を推進するために各学校が策定している学校安全計画には，月別に，そして教科等との関連を明記している学校が多いのではないでしょうか。その内容を見ると，

これが安全教育なのかと思う内容もあると思います。普段の各教科等の授業の中で，安全教育と意識せず，指導している内容がそれにあたります。実は，日々の学校生活で多くのことを指導しているのです。例えば，理科や家庭科，体育では，活動を行う際や用具を使用する際の安全について，図工や音楽では著作権について，理科や社会では防災について，算数では，時刻や速さ，表とグラフなどが当てはまります。ですので，新たなことを取り組むという考えではなく，普段の活動の中に安全教育という視点を加える感覚で進めていくことで，負担感なく，取り組めるようになるはずです。

3 わかっているけど，できない

① 自分事として捉える

安全について考える際に最も重要なことは，自分事として捉えることだと考えています。まずは，自分の身は自分で守る力を身に付けなければなりません。そのためには，正しい知識や技能を身に付けるだけではなく，自分ならどうするか，自分にはできるのか，ということを考えることで，より身近なこととして考えることができ，実効性ある学びとなります。実際には，安全に関する行動として，「わかっているけど，できない」ことが存在します。そのことを自分で認識することも必要なのではないでしょうか。

② 自分の性格や価値観

「わかっているけど，できない」には，まぁ大丈夫だろう，何とかなるだろうと状況を過小評価する正常性バイアスが働いていることがあります。また，みんながいるからや誰も動かないからのように他者の動きに合わせてしまう同調性バイアスが働いているかもしれません。これらの心理的傾向を知ることも大切です。また，このように考えやすい性格かどうかによっても人の行動は変わってきますので，自分事として捉える際には，性格や価値観も併せて考えるとより具体的に考えることができるでしょう。

Chapter 1 安全教育を日常化するためのアイデア 15

4 本書の使い方

1 本書の構成

　本書は，生活安全，交通安全，災害安全，現代的諸課題の4つの領域別に，領域や内容の偏りができるだけないように35個のテーマを用意しました。35個のテーマを用意したのは，週に1回は安全教育に関する内容を扱ってほしいという想いからです。1つのテーマは，4ページの構成になっています。はじめのページに，子どもに伝えたいことと指導のアドバイスを掲載しました。2ページ目以降は，低中高学年別に，考える内容を設定し，系統的に取り組むことができるようにしています。教師の「導入」をそのまま話すことで，子どもは思考を巡らせることができます。子どもの反応に対して，理由を聞いたり，他の子どもの意見を聞いたりすることで，学習を深めることができます。どの内容も10分程度という短時間で学習することができるようになっていますので，モジュール学習での活用もおすすめです。これまで，教師が安全に関する意識を高く持つことが安全教育の日常化に繋がり，子どもに必要な力を身に付けることができるようになると述べてきました。とはいっても，安全教育を実施する上で拠りどころとなるものがある方が，取り組みやすいのも事実です。ですから，本書を拠りどころとしてご活用ください。

2 まずは1ページ目を

　「子どもたちにこれを伝えたい！」には，安全教育を行う上で，教師として必要な考え方や子どもに考えさせたいこと，身に付けさせるべき力などを記述しました。「指導のアドバイス」については，課題でも挙げましたが，

学習時間をいかに確保するかという視点から，各教科等との関連についても紹介しています。また，参考となるウェブサイトも紹介していますので，指導前の情報収集にご活用ください。１ページ目で内容の大枠を理解し，２ページ目以降で事例を学ぶという進め方になります。本書では，35個の内容を取り上げましたが，学校の環境や子どもの実態，社会の変化等から，その学校が扱うべき内容は異なります。本書の事例を参考に，内容を追加したり，見直したりしながら，独自の35個のテーマを構築してもらえればと思います。

3　活用の具体

①　そのまま話す

　低中高学年別のページには，教師の「導入」を載せています。誰もが取り組めるような言葉を載せていますので，まずはそこに記述されている言葉をそのまま自分の言葉で話してみてください。本書で記述している内容のいくつかは，実際に小学校で実践してもらい，そのときの子どもの声を取り上げています。子どもは正しい知識や素朴な疑問，正直な考えなど様々な意見を出してくれました。それらを踏まえた，まとめの言葉も記述していますので，是非参考にして，進めてもらえればと思います。

②　アレンジを加える

　自分事として捉えるためには，正しい知識を聞きだすだけではなく，正直な考えを引き出す必要があります。そのためには，子どもが葛藤する場面を設定するとよいでしょう。本書でもいくつかの内容で子どもが葛藤する教師の言葉を用意していますが，是非，「葛藤」をキーワードに教師の言葉のアレンジをしてほしいと思います。「わかっているけど，できないのはなぜ？」や「本当にそんなことできる？」などと聞き，子どもが，自分にはできないことに気づいたり，実際に自分にでもできることを考えたりすることは，実効性ある力を身に付ける上で重要なことです。

Chapter 1　安全教育を日常化するためのアイデア　17

5 安全教育を進めよう

1 子どもと教師の安心・安全が大前提

　朝起きたら「おはよう」，寝るときには「おやすみなさい」と言って床に就く。これは日々の生活の中で当たり前のように繰り返されている言葉です。しかし，重大事件・事故を起こしたり，巻き込まれたりすると，この当たり前の言葉が使えなくなってしまうかもしれないのです。そして，そのときに初めて，安心・安全に過ごせていたことのありがたみに気づく人もいるのではないでしょうか。でも，気づいてからでは手遅れのこともあります。だからこそ，安全に過ごせている毎日に感謝するとともに，日々安全に過ごすための資質・能力を身に付けなければならないのです。全ての活動は，子どもと教師の安心・安全の上に成り立っているということを，改めて認識し，子どもと向き合うようにしましょう。

2 週に1回，10分から

　安全に関するアンテナを高くし，各教科等の学習内容に安全教育の視点を加え，日々の教育活動で扱う「安全教育の日常化」が理想です。しかし，いきなりは難しいですし，一過性のものでもいけません。取り組みに負担感があれば長くは続きません。そこで，本書を参考に，週に1つのテーマを1回10分程度で扱う学習からスタートさせてみましょう。1年経つ頃には，自分から安全に関する情報を積極的に集め，話題提供するようになるはずです。子どもと教師の安全に関する意識の向上は，様々な活動へ波及していき，学校安全文化の醸成に繋がるはずです。

18

Chapter 2

朝の会，帰りの会，
授業のはじめに
そのまま使える！

週1回×10分間の
安全教育シナリオ

生活安全

1 基本的な生活におけるルールやマナー

1 子どもたちにこれを伝えたい！

　ここに挙げたようなことは，学校生活の中で日々繰り返されていることです。1日1回どころか何度も繰り返されます。何気ないことかもしれませんが，だからこそ大切にしなければならないのではないでしょうか。ちょっとした不満も積もり積もれば山となります。安心できる居場所づくりやより良い人間関係の形成には欠かせない内容でしょう。そのことを認識して，先生自身が，子どもと関わるとき，教職員と関わるときに実践するとよいでしょう。子どもは先生の姿をよく見ていますからね。人と関わる上で，最低限身に付けておいてほしい内容ですね。

2 指導のアドバイス

　子どもの中に素晴らしい見本が転がっています。その見本となる言動を普段の生活の中で，意識して見つけておくとよいでしょう。何気なく日々繰り返されることですから，先生も意識しなければ見落としてしまうかもしれません。でも，意識するだけでたくさん見つけることができます。その良い見本を紹介しながら進めると，より具体的な内容となり，自分も頑張ろうと思う子どもも増えるのではないでしょうか。

　生活科や特別の教科道徳の中でも，これらの内容を扱う場面があります。日々繰り返される内容だからこそ，学習の機会も繰り返し設定するとよいでしょう。学習後，普段の生活の中で先生自身も実行し，子どもの言動を意識して観察し，その場でフィードバックしていくことが重要でしょう。

低学年

あいさつは何のためにするのか

■そのまま話せる「導入」

今朝, 起きたときにおうちの人に言った言葉を覚えていますか？
友だちに何かをしてもらったときには何と言いますか？
みなさんはどうしてあいさつをするのですか, 考えてみましょう。

■子どもの反応

私は, 朝起きて「おはよう」と言わなかったら, おうちの人に怒られます。だから言うようにしています。

この前, 友だちに「おはよう」と言って, 友だちが「おはよう」と言い返してくれたときに, 何だかとても嬉しくて, 仲良くなったような気分になりました。それから自分から言うようにしました。

そういえば, この間, 友だちに消しゴムを貸してあげました。でも, 返してもらうときに何も言ってもらえずに, 嫌な気持ちがしました。「ありがとう」って言ってほしかったです。

あいさつって, 自分にも相手にも良いことなのかな。

■そのまま話せる「まとめ」

はじめは, 先生やおうちの人に注意されるから言い始める人が多いかもしれません。でも, それは自分が嬉しくなったり, 楽しくなったり, 相手に嫌な思いをさせないために必要だからなんですね。

中学年

決まりを守らずに困るのは誰か

■そのまま話せる「導入」

学校にはたくさんの決まりがあります。例えば、雨の日は運動場では遊べません。図書館の本の貸出期間は１週間です。
他にはどんな決まりがありますか？　また、どうして決まりは守らなければならないのか、考えてみましょう。

■子どもの反応

雨の日に運動場で遊ぶと風邪を引くからだめだと言われたことがあります。でも、風邪を引いて困るのは自分だから別に遊んでもいいのになと思いました。

濡れたまま廊下や教室を歩くと、水滴で滑って怪我をする人が出てくるかもしれません。
風邪を引くとおうちの人も困るんじゃないかなぁ。

借りたい本が返却される予定の日に図書館に行ったけど、まだ返却されていなくて困りました。

■そのまま話せる「まとめ」

自分が〇〇したいからという理由で、決まりを守れないことがあるのかもしれません。でも、その自分の行動で、実は友だちや先生、家族に迷惑をかけてしまうんですね。誰が困ってしまうか、ということを考えながら行動するようにしてみましょう。

ルールとマナーの違いは

■そのまま話せる「導入」

「マナー」という言葉を聞いたことがありますか？
ルールとは少し違います。友だちや低学年の子に順番や席を譲ったり，咳やくしゃみをするときは，口を手で覆ったりしますよね。
マナーも守らなければならないのでしょうか。

■子どもの反応

ルールは決まりだから守らなければいけないと思います。マナーは守った方がいいものかなと思います。

マナーは守らなかったら，人に嫌な思いをさせると思います。だからマナーも守った方がいいと思います。

私は1年生に順番を譲ったことがあります。1年生が喜んでいるのを見て，私も嬉しくなりました。マナーを守るって自分にとっても良いことだなと思いました。

マナーにも守った方がいいものと，どちらでもいいものがあるのかもしれません。

■そのまま話せる「まとめ」

マナーは相手のことを思いやって行うものですね。相手の立場に立って発言したり，行動したりできる人って素晴らしいですよね。

生活安全

2 熱中症

1 子どもたちにこれを伝えたい！

　熱中症に関する内容は，まずはきちんとした知識を伝えなければなりません。熱中症対策については，環境，からだ，行動の３つの要因が関係していることを含め，まずは教師が正しい知識を身に付けるところから始めましょう。また，熱中症になるとこんな症状が出るという知識を知ることで終わらずに，自分の体調の変化に気づき，ひょっとすると熱中症になりかけているかもしれないと気づける力が重要です。ですので，自分の体調の変化に気づくことの大切さにも触れるべきでしょう。さらに高学年では，自分自身のことのみならず，共助の視点も加えて考えさせたいですね。

2 指導のアドバイス

　正しい知識は，環境省「熱中症予防情報サイト」や日本スポーツ振興センター「災害共済給付 web」などから得ることができます。それらも活用しながら，子どもが正しい知識を身に付けられるようにしましょう。暑さ指数（WBGT）を活用して，体育的活動の制限を行っている学校が多いでしょう。もちろんそれも１つの指標として重要です。しかし，いつも WBGT が測定できるわけではありません。そのときの環境や自身の体調から，安全な行動を選択できるような力を身に付けていかなければならないことも忘れないようにしましょう。体育の時間は，環境，からだの状況から行動を選択しなければならず，熱中症予防について，体験を通して学ぶことができる機会です。他にも特別活動の時間なども活用しながら学ぶことができるでしょう。

低学年

熱中症になるとどうなるの

■そのまま話せる「導入」

最近よく「熱中症」という言葉をニュースで耳にしますが、みなさんは聞いたことがありますか？
熱中症になるとどうなるか知っていますか？

■子どもの反応

暑いところにずっといると、体が熱くなったり、頭が痛くなったりすると聞いたことがあります。

私は熱中症になったことがありますが、とてもしんどくなって、体がだるくなって、動けなくなりました。

おうちの人に、水をいっぱい飲まないといけないと言われたことがあります。体を冷たくするためなのかな。

この間ニュースで、熱中症になって、救急車で運ばれて、何人もの人が亡くなっていると言っていました。熱中症で命を落とすこともあると聞いて怖くなりました。

■そのまま話せる「まとめ」

頭が痛い、顔が熱いなど、体がいつもと違うときには要注意です。近くの先生に言うようにしましょう。そのためには、いつもの自分の体と何か違うなぁと気づくことが大切になりますね。

中学年

熱中症にならない自信はありますか

■そのまま話せる「導入」

> 毎年，熱中症で多くの人が救急車で運ばれていますが知っていますか？　ニュースでもよく言っていますよね。
> みなさんは熱中症にならない自信はありますか？
> それはどうしてですか？

■子どもの反応

> 私は，小まめに水分補給をしているのでならない自信があります。

> 暑い日は，外に出ないようにしているので，大丈夫だと思います。

> 救急車で運ばれた人も，たぶん自分が熱中症にならないと思っていたと思うので，ひょっとすると私もなってしまうかもしれません。

> 低学年のときに，熱中症になったことがあります。その日はもともと少ししんどくて，少し無理をして外で遊んで熱中症になってしまったので，そのときの自分の体調を考えるようにしています。

■そのまま話せる「まとめ」

> 熱中症になる人の中には，部屋や体育館など屋内にいた人もたくさんいます。睡眠不足や食欲がないなど，その日の体調も関係しています。自分は大丈夫と油断せずに，水分補給や休憩などの対策をしながら，自分の体調の変化に気づけるようにすることが大切ですね。

友だちを熱中症から守ろう

■そのまま話せる「導入」

これまで熱中症について,自分がなったら,自分がならないためには,ということについて考えてきましたが,今日は友だちを熱中症から守るという視点で考えてみましょう。
友だちを熱中症から守るためにできることは何ですか？

■子どもの反応

小まめな水分補給が大事なので,水分補給するように声をかけたり,一緒に飲みに行ったりすることです。

人によって,体力や体調が違うので,「大丈夫？」と声をかけてあげることが大切だと思います。

声をかける,で思ったことですが,しんどくなると自分から言えなくなると思うので,やっぱり声をかけることは大切だと思います。

いつも元気な子が静かになっていたり,元気がなさそうにしていたりしたら,声をかけてみようと思います。

■そのまま話せる「まとめ」

いつも一緒にいる友だちだからこそ,その子の変化に気づきやすいのもみなさんですよね。お互いに相手のことを思いやりながら,声をかけ合って,熱中症予防に取り組んでほしいと思います。

生活安全

3 廊下の事故防止

1 子どもたちにこれを伝えたい！

　小学校では，廊下での事故もたくさん発生しています。廊下は走ってはいけないということは，誰もがわかっていることでしょう。でも，「廊下は歩きましょう」という指導だけで終わらせるのではなく，廊下はみんなが使用する場所であるということや，移動するときに使用する場所であるということも確認する必要があります。とはいっても，走ってしまう子どもがいるのも事実です。その場合，頭ではわかっていても，行動できていない自分に気づかせることから始めましょう。また，きちんと守っている人の声をみんなに届けるようにもしたいですね。

2 指導のアドバイス

　わかっていてもできないのには，何らかの理由があるからです。その理由をまずは考えさせましょう。先生もそれを知るように努めましょう。そしてその理由を解決するためには，自身の行動を変える必要があります。でも，その理由に勝てないから行動を変えることができていないんですよね。ですから，その理由へのアプローチとして，環境を変えるという視点を入れることも必要です。とはいっても学校生活を送る上で，変えられない環境があるのも事実でしょう。

　時間を取って考えさせたいときには，特別活動の時間や保健の時間を活用することができるでしょう。さらに，学校全体の環境を変えるという点では，委員会活動を活用し，見直していくということも可能でしょう。

低学年

廊下の正しい使い方は

■そのまま話せる「導入」

廊下はどういうときに使いますか？
そうですよね。登校や下校のとき，休み時間に運動場や図書館へ行くとき，トイレに行くときも使いますよね。
どのような使い方が正しいのか考えてみましょう。

■子どもの反応

歩いて使うのが正しいと思います。走るとぶつかって危ないからです。

右側に寄って歩くといいと思います。

遅れそうなときや急いでいるときは早歩きや小走りぐらいならいいと思います。

でも，そうするとぶつかってしまって，他の人に怪我をさせたり，自分も怪我をしたりして，余計遅くなるんじゃないかなぁ。

■そのまま話せる「まとめ」

廊下はみんなが使う場所です。自分以外の人も使いやすくなるように，使わないといけません。だから，歩いて使ったり，右側に寄って，他の人が歩きやすいスペースをつくったりしているんですね。急がなくて済むように時間に余裕を持って行動しましょう。

なぜ廊下を走ってしまうのか

■そのまま話せる「導入」

廊下は歩いて使うということは，みなさんわかっていますよね。正しく使えていると自信のある人？ 少し自信のない人？
どうして走ってしまうのか，みんなで考えてみましょう。

■子どもの反応

私は，いつも歩いて使っています。そんなに急ぐこともないし，走るとスピードが速くなってぶつかりそうで怖いからです。

私は運動場に早く行きたいときに走ってしまうことがあります。早く行かないと，いつも使っている一輪車を他の人に使われてしまって，使えなくなるのが嫌だからです。

休み時間の終わりも走ってしまうことがあります。早く戻らないと授業に遅れてしまうからです。

楽しいときや嬉しいことがあったときに，走ってはいないけど，スキップをしてしまうことがあります。

■そのまま話せる「まとめ」

走ってはいけないと頭ではわかっていても，守れていない人がいるようですね。近くを誰かが速いスピードで通ることで，怖い思いをする人もいます。特に１，２年生の近くでは注意が必要ですね。

みんなが安全に過ごすために

■そのまま話せる「導入」

校舎内の事故には，廊下で起こっている事故がたくさんあります。走って人や物と衝突するという事故が起こりやすいようです。走らなくてもよい学校にするためにできることは何か考えてみましょう。

■子どもの反応

走ってしまうのは，おそらく急いでいるからなので，急がなくてもいいようにする必要があると思います。

休み時間に使う物や使う場所を取るために走っている人が多いように思うので，人気のある物や場所は，学年ごとに日替わりで，優先順位をつけるなどするといいと思います。

休み時間の終わりも走っている人をよく見るので，授業始まりの3分前に予鈴を鳴らすと，移動するタイミングが早くなって，走らなくなるのではないかと思います。

学校のルールを変更すると，できるかもしれないなと思いました。

■そのまま話せる「まとめ」

いろいろとアイデアが出てきそうですね。人の行動を変えるということも大切ですが，周りの環境や仕組みを変えることも大切ですね。担当する委員会にも提案して考えてみてくださいね。

生活安全

4 水難事故防止

1 子どもたちにこれを伝えたい！

　暑くなってくると，川や池，海などの水辺の事故のニュースが毎年報道されます。水に入ったり，水の近くにいたりするだけで涼しさを感じることができます。また，誰かとその時間や環境を共有することで，より楽しさも増します。人にとって水辺が魅力的だから，人が集まり，水を楽しむのでしょう。水は生活には欠かせませんし，水と触れ合うからこそ得られる経験もあります。ですので，自然の水による恩恵と水辺に潜む危険との両面について，考えさせることが大切ですね。

2 指導のアドバイス

　プールに関する学習は，プールを利用する授業の前に行われることが多いでしょうが，水辺の事故防止については，夏休み前の生活指導の一環として行われることが多いのではないでしょうか。教師が一方的に話をして終わりにするのではなく，子どもが自分の生活場面をイメージし，考えながら，取り組んでほしいと思います。梅雨の時期やゲリラ豪雨の後，大雨が降りそうなときなどに考えさせることも効果的です。

　生活科や理科の時間，体育の時間などでの学習も可能でしょう。体育の時間には，着衣泳を行うことも考えられます。もちろん浮くことを体験することは重要ですが，泳ぎにくいこと，用具がないと浮きにくいこと，人を助けるのは困難なことも合わせて経験させておくことが自分の命を守ることに繋がります。できることとできないことを自己認識させるということです。

32

低学年

プールを安全に利用するために

■そのまま話せる「導入」

もうすぐ水泳の授業が始まります。教室や運動場，体育館などよく使う場所では，そこの使い方をよく理解していると思いますが，プールはあまり使いませんよね。プールで安全に活動するためには，どういうところに気をつけるとよいでしょうか。

■子どもの反応

プールには水があるので，滑って転ぶかもしれません。だからプールサイドは歩いて移動しないといけないと思います。

水に潜ると息ができなくなるので，少し怖いです。

怖がっている人もいると思うので，ふざけてはいけないと思います。だから，決まりを守ろうと思います。

先生の話をしっかり聞こうと思います。でも，周りの人がうるさかったら聞けなくなってしまうので，困ります。

■そのまま話せる「まとめ」

水中では呼吸ができません。でも，プールに入ると気持ちがいいし，体がふわふわして面白いですよね。水中でしかできない動きもできますよ。楽しく活動するためにも，先生の話を聞くのはもちろんのこと，友だちの様子もしっかりと観察するようにしましょう。

中学年

水辺に潜む危険

■そのまま話せる「導入」

水があるところには，危険が潜んでいます。みなさんが住んでいる地域にも，水が流れる場所や水が溜まっている場所が必ずあります。それはどこですか？　そこにはどんな危険が潜んでいますか？

■子どもの反応

川があります。いつもの流れはゆっくりだけど，雨の日は流れがとても強くて，川に落ちたら流されてしまいそうです。

池があります。フェンスに進入禁止や魚釣り禁止と書いてありました。あの池って深いのかなぁ？

お風呂もそうだと思います。お風呂で溺れて亡くなったというニュースを見たことがあるので，お風呂も気をつけないといけないと思います。

歩道の横の側溝も雨の日には，とても勢いよく水が流れていました。幅が狭いので，落ちて挟まっても動けるのかなぁと思いました。

■そのまま話せる「まとめ」

服を着たまま水に入ると，思うように体を動かせません。急なことなので，パニックにもなります。危険な目に遭わないためにも，危なそうなところには近づかないようにしましょう。

高学年

溺れている人を見かけたら

■そのまま話せる「導入」

溺れている人を見かけたときにどうするか考えてみましょう。あなたは一人でいます。池もしくは川で溺れている人を発見しました。でも，陸からまだ5mぐらいしか離れていません。あなたはどうしますか？

■子どもの反応

5mぐらいだとすぐなので，助けにいくと思います。

溺れているぐらいだから深いと思うので，自分も溺れてしまうかもしれません。だから，水に入って助けには行きたくありません。

空のペットボトルやビニール袋とか，浮き輪に使えそうなものを探して，投げて渡そうとします。

一人だと不安なので，誰かを探しに行きます。警察にも電話をするといいと思います。

■そのまま話せる「まとめ」

足が底に届かない水中で，一人の人を助けることは簡単にはできません。溺れている人は必死に何かを掴もうとしますので，自由に動くことさえできなくなります。陸の上でできることを咄嗟に判断するための知識と方法を身に付けておくことが大切ですね。

生活安全

5 運動場での事故防止

1 子どもたちにこれを伝えたい！

　運動場で遊んでいて，怪我をゼロにすることは不可能と言ってもよいでしょう。でも，怪我をしたときに，全てを誰かに手当てしてもらうのではなく，自分でできることは自分するように働きかけなければなりません。その方法もやはり誰かに教えてもらわなければ，子どもは知りません。怪我をしている人を発見したときには，保健室に連れて行くことが基本です。でも，大きな怪我では，無理に動かさない方がよいこと，動かしてはいけないことがあることを知っておくことも必要です。高学年では，自分以外の子どもの怪我を発見したときの行動についても考えさせたいですね。

2 指導のアドバイス

　怪我をしてしまったときにこそ，実体験を通して学ぶことができます。自分の体を大切にすること，自分の身は自分で守ることを，経験を通して学ぶ機会と位置付けましょう。休み時間中に発生している事故件数はとても多いです。子どもたちがどこで，どのような遊びをしているのか，運動場の全体が見える位置で，一度観察してみるとよいでしょう。

　学校によって，事故の発生状況は異なっています。保健室で記録している来室記録を活用するなど，どんな怪我が多いのか，どこでよく発生しているのかなど，委員会活動なども活用しながら，各校の実態に応じた活動を行い，事故防止の啓発に繋げられるといいですね。もちろん生活科の時間や体育の時間も活用できるでしょう。

低学年

怪我をしたらすることは

■そのまま話せる「導入」

休み時間には，多くの人たちが運動場で遊んでいますね。だからかはわかりませんが，運動場で怪我をする人がたくさんいます。もし，運動場で遊んでいて，転んで，膝を擦りむいた場合，みんなならどうしますか？

■子どもの反応

擦りむいたぐらいだったら，そのまま我慢します。血が垂れてくるぐらいだったら，保健室に行って絆創膏をもらいます。

私は，心配なので，すぐに保健室に行きます。

前，保健室に行ったとき，もし次に来ることがあったら，水で傷口を流してから来てね，って保健室の先生に言われました。

傷口を水で洗い流さないと，ばい菌が入るからだと思います。だから，そのまま我慢するのもよくないと思います。

■そのまま話せる「まとめ」

まずは水で傷口をきれいに洗い流さないといけませんね。先生に，「水で洗い流してきましたか」と聞かれたことがある人もいるでしょう。傷の深さによっては，保健室で見てもらった方がよい怪我もあるので，心配な人は先生に言ってくださいね。

どんな怪我が多いのかな

■そのまま話せる「導入」

学校の中で一番怪我が起こっている場所はどこでしょう？　そうです。運動場です。では、運動場で起こっている怪我にはどんな怪我があるのか、また、どうして起こってしまうのか、考えてみましょう。

■子どもの反応

みんなが走り回っているので、転んで膝を擦りむく怪我が多いと思います。運動場が滑ってしまうからかなぁ。

この間、3年生と4年生がぶつかって怪我をしているところを見ました。近くに他の遊びをしている人がいるからだと思います。

ボールを使っている人もいるので、突き指とかも多いと思います。ボールが硬すぎると当たったときに骨折するかもしれません。

多いかはわかりませんが、遊具から落ちる怪我もあると思います。

■そのまま話せる「まとめ」

多くの子どもが一斉に遊んでいますからね。でも怪我はしたくないですよね。近くで遊んでいる人がいないか、危険な遊びになっていないか、安全な用具を使っているかなどは大切な視点です。怪我をしない、させないためにも安全のための工夫に取り組みましょう。

大きな怪我が起こってしまったら

■そのまま話せる「導入」

運動場で遊んでいて怪我をしてしまうことはありますよね。一人で保健室に歩いていけないくらい大きな怪我が起こってしまったとき，あなたには何ができますか？

■子どもの反応

私は，とにかく保健室に行って，先生に伝えます。

保健室の先生よりも近くに先生がいるかもしれないので，周りをよく見て，先生を探して，怪我のことを伝えます。

怪我をしている子は，痛くて，怖くて，とても不安だと思うので，「大丈夫？」と声をかけて，そばにいてあげます。

周りに子どもが集まってくると思うので，その子たちに，「大丈夫だから」と言って，怪我をしている子から遠ざけるようにした方がいいのかなぁと思います。

■そのまま話せる「まとめ」

発見したときは，自分もどきどきして不安になると思います。一人では不安だし，できることが限られています。無理に動かさずに，たくさんの先生に伝えることを優先させましょう。保健室以外にも，職員室，近くの先生など，手分けして報告に行けるといいですね。

Chapter 2　週1回×10分間の安全教育シナリオ　39

生活安全

6 校内での防犯対策

1 子どもたちにこれを伝えたい！

　安全教育において「あれ？」と気づく力はとても重要です。でも，そのためには，周りの情報を収集し，これまでの情報と比較しなければなりません。今回は高学年の事例に示しましたが，中学年から少しずつ，このような視点を加えていくとよいでしょう。「あれ？」と気づく力が重要なのは，先生も同じです。先生が普段の生活の中で，変化に気づこうと意識しておくと，この力は自然と身に付いていきます。また，来校者の名札の着用など，子どもが理解できる学校の決まりについては，子どもにも伝えておくとよいでしょう。子どもも知っている情報を活用し，「あれ？　あの人名札が付いていないけど大丈夫かな」と危険を予測する力を働かせることができます。そうすることが，自分の身は自分で守る子どもの育成にも繋がっていくのです。

2 指導のアドバイス

　文部科学省の調査では，ほとんどの小学校で不審者侵入を想定した防犯訓練が実施されていることが報告されています。ですから，訓練の事前や事後学習として，これらの内容を扱うことができるでしょう。また，大阪教育大学附属池田小学校事件が発生した６月８日には，毎年テレビ等でも事件後のことが報道されていますので，それに併せて学習することもできるでしょう。

　ただ，子どもたちの不安が強くなりすぎたり，怖くなりすぎたりするような脅しの教育になってはいけません。自分たちが安全に安心して学校生活を送るために，という視点は忘れないようにしましょう。

低学年

授業中の避難行動は

■そのまま話せる「導入」

学校には，みなさん以外にもたくさんの方が来られます。中には，学校に関係のない人がいるかもしれません。みなさんを脅かすような人がいた場合，先生はすぐみなさんに危険だと伝えますが，授業中にそれを聞いたみなさんは何をしますか？

■子どもの反応

何だか危なそうなので，机の下に隠れます。

逃げたいけど，どこに逃げたらいいのかわかりません。もしその人に近づいてしまったら，危ないと思います。

幼稚園のとき，そういう訓練をしたことがあります。入口から遠いところに集まって，小さくなって座っていました。

先生たちは，ドアを閉めて鍵をかけていました。あとは，カーテンも閉めていたので，そういうこともした方がいいと思います。

■そのまま話せる「まとめ」

まずは，近づかない，近づけないように行動することですね。学校に関係がある人かどうかは，名札や入校証があるかどうかでわかります。もし，付けていなければ，あれ？ 誰だろうってなりますよね。
※各学校で決めている内容を確認し，伝えてください。

休み時間の避難行動は

■そのまま話せる「導入」

休み時間にみなさんが，よくいる場所はどこですか？
そこで遊んだり，話したりしているときに，万が一，みなさんを脅かすような人が学校に入ってきたらどうしますか？
どのように行動するとよいか考えてみましょう。

■子どもの反応

自分が発見したら，すぐに先生に言います。図書館にいることが多いので，本はそのままにして，廊下に出て，遠くに逃げます。

ドッジボールをしていることが多いので，急いで自分の教室に戻ると思います。でも，どこの教室でもいいのかなぁ。

自分が発見者ではない場合，どうやって気づくのかなぁと考えたんですが，たぶん「逃げろ〜」とかの声が聞こえてくると思います。

そしたら，鍵のかかる部屋に入って鍵をかけたり，カーテンを閉めたりして，隠れます。

■そのまま話せる「まとめ」

まずは，自分の安全を確保することが大切です。逃げるのか閉じこもるのか，自分がよくいる場所でイメージしておくとよいでしょう。
※各学校で決めている内容を確認し，伝えてください。

不審な人,不審な行動に気づくためには

■そのまま話せる「導入」

おうちの人が学校に来るときは,名札や入校証を付けてきますよね。あれは,学校に関係がある人ということをすぐにわかるようにするためです。あの人は誰? と早く気づくことが大切だからです。他には,どんなところに気をつけておくとよいと思いますか。

■子どもの反応

学校に関係のある人だと教室とかもだいたいわかっていると思うので,ずっときょろきょろしている人を見ると,あれ? と思います。

教室とかがない方向に歩いていたら,あれ? あの人どこにいくのかな? となると思います。

みんなが持たないような,大きな荷物を持っている人がいたら,あれ? 何を持ってきているの? と思います。

やっぱり名札がないとあの人は誰? と思うのがわかりやすいです。

■そのまま話せる「まとめ」

そうですね。何かいつもと違うとかこんなところにとか,違和感を持つことがとても大切です。そのためには,普段から様々な情報を集めようとしておくことが大切ですね。もし,気づいたことがあったら,先生に教えてくださいね。

生活安全

7 校外での防犯対策

1 子どもたちにこれを伝えたい！

　学校の敷地外でも，子どもの安全を守ってくれている地域の人がいることは忘れてはいけません。安全に登下校できるように，見守り，声をかけてくれています。多くの学校では，そのようなボランティアの方には旗や腕章，ゼッケンなど目印となるものを身に着けてもらっているのではないでしょうか。こども110番の家と同様に，緊急時には，その人たちを頼りにできることも伝えておきましょう。何よりも子ども自身がいち早く異変に気づくためにも，校外でも落ち着いて，周りの様子を確認しながら行動できるように関わっていきたいものです。

2 指導のアドバイス

　警察からの不審者情報に関するメールを登録しておくと，頻繁にメールが送信されてきます。学校近隣での情報は，直接学校に連絡が来ることもあります。連絡が来てからの行動も大切ですが，日々の子どもの行動も大切なのではないでしょうか。情報が入ったから指導するのではなく，日々の行動を見つめ直すために，考えさせることが子どもの危険回避能力の向上に繋がるはずです。登下校時のボランティアの方はいつも同じところに立っています。違うところで見かけたり，目印がなかったりすると子どもに気づいてもらえないこともあるそうです。朝学習の時間や生活科の時間など，様々なところでの関わりを持つことで，より安全なまちづくりに繋がるのではないでしょうか。

低学年

不審な人ってどんな人

■そのまま話せる「導入」

登下校中は，知らない人を見かけたり，すれ違ったりしますよね。中には，みなさんに危険をもたらす人がいるかもしれません。では，どのような人に気をつけないといけないか考えてみましょう。

■子どもの反応

包丁を持っている人や酔っぱらいの人，怖そうな人には気をつけないといけないと思います。

黒い服の人やサングラスをかけている人，帽子やマスクで顔を隠している人にも気をつけた方がいいと思います。

私は，動画や写真を撮ってくる人，大きいカバンを持っている人に気をつけています。

知らない人で，ゆっくり近づいてくる人や後ろをついてくる人，じっと見つめてくる人にも気をつけています。

■そのまま話せる「まとめ」

みなさんに危険をもたらす人は，見た目ではわかりませんよね。相手の行動や動き，言葉に気をつけなければなりません。その様子に気づくためには，普段から落ち着いて行動し，周りの状況を把握しようとする意識が大切ですね。

Chapter 2 週1回×10分間の安全教育シナリオ 45

中学年

知らない人に声をかけられたら

■そのまま話せる「導入」

下校中，知らない人に声をかけられたことがある人もいるようです。あいさつをすることはもちろんあると思いますが，どのような声をかけられたときに，注意をしなければならないでしょうか。

■子どもの反応

お菓子あげるからちょっとこっちに来てくれない？　や少しだけ荷物を運ぶのを手伝ってくれない？　のような声かけにはついていってはいけないと思います。

おうちの人が事故に遭って大変だから早く行くよ，という声かけもはじめは驚いてしまうと思いますが，本当かわからないので，気をつけないといけないと思います。

〇〇公園で〇〇さんが探していたよ，のような実際にある公園の名前や人の名前を出して，本当かと思わせる声かけもあると聞いたことがあります。

■そのまま話せる「まとめ」

なぜあなたに声をかけるのでしょうか。外を歩いていて大人が子どもに直接声をかけるのは，あいさつ程度でしょう。その場を移動させるような声かけには特に注意が必要です。名前を知られないことも大切だということもわかりましたね。

不審な行動を察知する力

■そのまま話せる「導入」

知らない人に声をかけられたり，あとをつけられたりすると怖いですよね。そうならないためには，異変に早く気づくこと，気づこうとすることが大切です。どのようなことを意識しておくとよいか，考えてみましょう。

■子どもの反応

できるだけ一人で行動せずに，周りの様子を確かめるようにするといいと思います。

私は，何か変な気がしたら，お店やコンビニなどに入って少し時間が過ぎるのを待つようにしています。

一人のときは，後ろを歩いている人への注意も必要だと思います。

音でもいろいろな情報が得られるので，周りの音にも気をつけて歩くようにしています。

■そのまま話せる「まとめ」

「きょうはいかのおすし」（距離をとる，後ろを気にする，早めに帰る，行かない，乗らない，大声を出す，すぐ逃げる，大人の人に知らせる）の合言葉を考えながら，周りの様子をよく観察し，いち早く異変に気づくための行動を心がけていきましょう。

生活安全

8 体育の時間の事故防止

1 子どもたちにこれを伝えたい！

　最も事故が発生しやすい教科等の時間は，体育の時間です（日本スポーツ振興センター「学校等の管理下の災害」，2023）。教師はこのことを意識し，安全に関する指導を行いますが，子ども自身も事故が発生しやすいことを知っておくとよいでしょう。ただ，事故が発生しやすいと一言でいっても，具体的な場面や環境，状況の傾向がわからなければ，事故防止には繋げられません。用具の出し入れ時や近接した活動場所などの事故が起こりやすい環境について，事故が起こる前に，子どもにも学習する機会をつくるとよいでしょう。拙著『すべての教師が知っておきたい体育授業のヒヤリハット　今すぐできる予防スキル80』（明治図書）もご活用ください。

2 指導のアドバイス

　事故が起こりやすいのは，器械運動領域（跳び箱運動やマット運動に多い）とボール運動領域（バスケットボールやドッジボールに多い）です。活動場所や活動の仕方について，教師が設定し，提示することが多いと思います。それは安全を確保するためにも大切なことですが，その配慮した安全に関する内容を子どもに伝えていますか。「このような事故が起こりやすいから，ここはこのようにしているんだよ」と伝えるだけでも，子どもは理解し，安全について考えるようになります。そのためには，教師が安全な実施のための情報を収集する必要があります。日本スポーツ振興センターのホームページにも参考資料が掲載されていますので，活用してみてはいかがでしょうか。

低学年

用具の準備で気をつけること

■そのまま話せる「導入」

体育で使う用具の多くは体育倉庫（運動場，体育館）にあります。そこから使うものを出しますが，スペースが限られているので，様々なことに気をつけなければ事故が起こります。どのようなことに気をつけるとよいでしょうか。

■子どもの反応

広くないので，人が中に入りすぎると人とぶつかったり，物がぶつかったり，人にぶつけたりして危ないと思います。

ぶつけるというと，長い棒を出すときには自分は大丈夫でも，周りの人にぶつけてしまわないかがとても心配です。

跳び箱など重たいものもあるので，友だちと一緒に運ばないといけないものもあります。

使い終わったものは元の場所にきちんと戻しておくと，次の人も使いやすくて，事故も起こりにくいと思います。

■そのまま話せる「まとめ」

大きなものや長いものなど，倉庫にはたくさんのものがあります。出し方によってはとても危険です。まずはそのことを知っておいてください。危ないものに倉庫の外まで先生が出すようにしますね。

跳び箱運動の事故防止

■そのまま話せる「導入」

跳び箱運動は技ができたときには大きな達成感を得られますよね。そこが面白いところですが、大きな事故が起こりやすい運動でもあります。跳び箱運動をするときに気をつけることはなんでしょうか。

■子どもの反応

できない技にいきなり挑戦すると危ないと思います。簡単なことから始めて、少しずつ難しくしていくといいと思います。

準備のときのことですが、跳び箱を運んでいるときに、マットに躓きそうになりました。跳び箱から先に出すといいと思いました。

他の人が練習しているときに、ふざけたり、邪魔をしたりしてはいけないと思います。

着地のときにバランスを崩すことがあるので、着地まで丁寧にすることを考えて取り組むといいと思います。

■そのまま話せる「まとめ」

跳び箱は高さに挑戦するものではありません。自分が挑戦している技が安定してできているか、着地はピタッと止まっているかどうかを目指してください。だから助走距離もそれほど必要ありません。勢いがつけばつくほど、大きな事故に繋がりやすくなりますからね。

高学年

バスケットボールでの事故防止

■そのまま話せる「導入」

4年生までは跳び箱運動での事故がとても多いですが，高学年になるとバスケットボールでの事故が多くなります。突き指だけではなく，衝突したり，足を捻ったりする事故が多いです。事故を防ぐためにできる工夫を考えてみましょう。

■子どもの反応

突き指はボールに慣れていないから起こると思います。一人一人がボールに触る，慣れる時間をつくったらいいと思います。

柔らかいボールを使ったら突き指はしにくいと思います。

衝突するのは，人が多いからだと思います。ゲームの人数を減らしてすれば，人とぶつかる可能性も低くなると思います。それに，パスが回ってくる回数も増えて楽しくなると思います。

私もそう思います。テレビで，3人対3人でやっているのを見たことがあります。

■そのまま話せる「まとめ」

安全に実施するためにいろいろと工夫ができそうですね。安全に，そして楽しく進められる用具選びやルールづくりを，実際に活動しながら考えていきましょう。

生活安全

9 刃物や尖った物等を使用する際の安全指導

1 子どもたちにこれを伝えたい！

　日常生活を送る上で，刃物や尖った物は必需品になります。紙を切ったり，爪を切ったり，料理をしたり，耳かきをしたり，穴をあけたりなど，安全に使うと便利な用具です。しかし使い方を誤ると大きな事故に繋がりかねません。危ないから使用しない，使用させないというのではなく，安全な使用のために必要なことは何かを教師が考え，そして子ども自身が考える時間を設定することが大切です。事故に繋がるというのは，自分が負傷するとは限りません。自分が友だちを負傷させる，自分の行動によって，友だちが他の友だちを負傷させることも考えられます。危険なものを使用していることを自覚して行動できる子どもを育てたいですね。

2 指導のアドバイス

　何を使用するのかは，学校によって異なります。包丁を使ってリンゴの皮むき大会を行っている小学校もあるようです。刃物等の使用についても，負傷の危険性が高いからこそ，各学校が指導要領や教科書等を参考に，系統立てて取り組むことが重要です。生活科や理科，図画工作科，家庭科等では，実際にそれらの用具を扱いながら学ぶことができます。そこで学んだことを，他教科や休み時間，家庭生活等でも生かせるようにする必要があります。また，授業で扱ったもの以外にも，どのような形のものを扱うときに気をつけなければならないのか，どのような場面で気をつけなければならないのかを考えさせることで，安全に関する視点を広げていきましょう。

低学年

はさみを安全に使うために

■そのまま話せる「導入」

授業や家庭で，はさみを使用することがありますよね。はさみを使うとき，どのようなことに気をつけて使っているか教えてくれませんか。

■子どもの反応

間違えて手を切らないように気をつけています。ふざけながら使うと手を切ってしまうかもしれないので，集中して使うようにします。

使い終わったら，はさみの刃の部分を開きっぱなしにせずに，閉じておくようにしています。

私は，ケースに入れるようにしています。そうすると，開きっぱなしにすることもありません。

友だちに渡すときには，刃の部分を自分が持って，持ち手の部分が友だちに向くようにして渡しています。

■そのまま話せる「まとめ」

はさみはとても便利で，よく使いますよね。刃の部分が切れるので，切るもの以外は触れないようにしないといけません。だから，使わないときはケースに入れたり，人に渡すときには，閉じて自分が刃の方を持って渡したりするのが安全ということですね。

中学年

刃物以外で気をつけるべきもの

■そのまま話せる「導入」

はさみやカッターなどは，手を切る可能性があることがすぐにわかるので，気をつけやすいです。他のもので手を切ったり，怪我をしたりしたことがあるものはありますか？ 何で，どのような怪我をしましたか。

■子どもの反応

プリントで手を切ったことがあります。片付けようとしているときに切ってしまいました。

私もプリントで切ったことがあります。私が持っているプリントを友だちが引っ張ったときに切れてしまいました。

段ボールで作品を作っているときに段ボールで手の甲を切りました。

切ったわけではないですが，掲示物を貼っているときに画鋲を触っていて，指先に少しですが，刺さって怪我をしたことがあります。

■そのまま話せる「まとめ」

プリントなどの紙は，結構切れやすいですよね。紙も扱い方によっては，刃物のようになるので，気をつけないといけませんね。プリントの配付は毎日のように行っているので，そこでは相手の様子を見ながら，丁寧に渡すようにしてほしいと思います。

高学年

安全に使用するための共通点

■そのまま話せる「導入」

はさみやカッター，尖った物，長い物などを使用することがありますよね。これらの用具は怪我をしたり，させたりする可能性が高くなります。どのようなことに気をつけるとよいでしょうか。

■子どもの反応

受け渡しをするときは，刃の部分や尖っている部分を相手の方に向けると危険なので，自分の方に向けて持つようにしています。

使っている人にぶつかって怪我をさせてしまうかもしれないので，近くに使っている人がいるときには，落ち着いて行動しなければなりません。

今の意見に関係していますが，長い物を扱うときには，周りの様子をしっかり確認しないといけないと思います。

長い物は，持ち上げずに，後ろを引きずって移動させるとよいと聞いたことがあります。

■そのまま話せる「まとめ」

使ったことがなくても，その物には，このような危険があるということを予測する力がとても大切です。刃物，尖った物，長い物など，人が近くにいる場面では十分気をつける必要があります。

生活安全

10 校内の危険な場所

1 子どもたちにこれを伝えたい！

　どれだけ安全な場所でも，人が使用していると事故は起こりえます。それは，事故の原因には，人的要因も関係しているからです。そのときの心身状態（疲れている，眠たい，ふざける等）や行動（上る，走る，ルールを守らない等），服装（フードが付いている，上靴の踵を踏む，不要なものを身に着ける等）も危険因子となります。環境要因が原因となる場合もあります。劣化していたり，故障していたり，水がこぼれていたりというものです。人的要因にしても，環境要因にしても，どのような場合に危険因子となりやすいのかということを子ども自身が考え，理解しておくことが重要です。

2 指導のアドバイス

　災害の多くは休み時間に発生しています（日本スポーツ振興センター「学校等の管理下の災害」，2023）。これを減少させるためには，子ども自身が危険を予測し，より一層未然防止に努める必要があります。しかし，「気をつけるように」だけでは，事故は減りません。具体的にどういう場面で，何に気をつけなければならないのかを考える必要があります。校舎内や校舎外において，危険因子となるものや場所，行動などを自分たちで考え，見つけ，自身の行動を見直す活動を行いましょう。事故の発生件数や発生場所について，養護教諭の先生から情報を提供してもらうことも可能でしょう。また，教科の学習や委員会活動等を活用し，全校児童へ啓発活動を行っている学校もあります。子どもの安全に関する視点を育てましょう。

低学年

運動場の危険な箇所と対策

■そのまま話せる「導入」

学校で起こる事故で一番多いのは，休み時間に運動場で起こる事故です。想像できますか？ みんなが痛い思いをしないで済むように，事故を減らしたいのですが，どうすればよいか考えてみましょう。

■子どもの反応

鬼ごっこをしていて他の学年の人とぶつかったことがあります。

私は，歩いていると急にボールが飛んできて，体に当たりました。顔に当たらなくてよかったと思いました。

みんながばらばらで遊んでいるから，ぶつかったり，ボールに当たったりするのだと思います。遊んでいい遊びや場所を決めて，遊べば事故は減ると思います。

近くに遊んでいる人がいると，ぶつかったり，怪我をしたりしやすくなると思うので，あまり人がいない場所を選んで遊ぶようにするといいと思います。

■そのまま話せる「まとめ」

近くに人がいるかどうかを確認することはとても大切ですね。遊びだすと周りの様子を確認しにくくなるので，遊ぶ前に，この場所で大丈夫かどうかの確認をしてから遊ぶといいですね。

校舎内の危険な箇所と対策

■そのまま話せる「導入」

事故は、運動場でばかり起こっているのではありません。校舎内でも起こっています。校舎内でどのような事故が起こっているのか、どうすれば事故を減らすことができるのか、考えてみましょう。

■子どもの反応

廊下や階段で衝突する事故が多いと思います。曲がり角では、急に人が出てきて、ぶつかりそうになったことが何度もあります。

右側通行を守っていれば、ぶつかることはなくなると思います。でも、守らない人がいるので、どうすればいいかわかりません。

教室内を走ってしまって、衝突したり、躓いて転倒したりする事故も多いと思います。狭いので、とても危険だと思います。

雨の日に廊下が濡れていて、滑ったことがあります。急にツルっと滑って、とても怖かったです。

■そのまま話せる「まとめ」

右側通行の話は、衝突を防ぐにはとても大切です。曲がり角にコーンなどを置いて、大回りをするようにして、衝突事故を防いでいる学校もあります。廊下が濡れているのは本当に危険です。近くに雑巾を置いておくと拭きやすくて、いいかもしれませんね。

安全点検の視点

■そのまま話せる「導入」

低学年も含め，みんなが安全に学校生活を送るためには，校内の危険な場所はどのような場所かを知り，その場所に対策をする必要があります。どのようなときに事故は起こりやすいのでしょうか。

■子どもの反応

廊下や階段など，曲がり角は事故が起こりやすいと思います。道路と同じで，先のことが見えないからです。

足ふきマットのような，下に敷いているものがめくれていたり，はがれたりしているところも，躓きやすくて危険だと思います。

運動場に行くところなど，ちょっとした段差があるところも躓きやすいと思います。色を付けて段差を目立たせるといいと思います。

窓の近くに踏み台のような上れるものが置いてあると転落してしまうかもしれないから危険だということをニュースで見ました。

■そのまま話せる「まとめ」

壊れている，壊れかけている場合，危険ですよね。他にも，曲がり角や出入り口付近，めくれやはがれ，段差，踏み台など，事故が起こりやすい状況はあります。このことに気づく力が重要です。自分で直せるところは直し，無理なところは先生に教えてくださいね。

交通安全

11 道路，横断歩道の歩行

1 子どもたちにこれを伝えたい！

　道路を利用する際には，守らなければならないルールがあります。しかし，悲しいことに自分がルールを守っていても事故に遭うことがあります。歩行中の事故は，1，2年生に多く，時期は5月から6月にかけて多い傾向がみられます。ルールを守った上で，本当に安全なのかを自分で判断し，行動できる力を身に付ける必要があります。また，登下校中の歩行マナーについて地域の方から苦情が寄せられることもあるでしょう。歩き方によっては，子どもが他の人に迷惑をかけることがあることも考えさせなければなりません。

2 指導のアドバイス

　子どもが巻き込まれる交通事故に関する報道をよく耳にします。それを機に子どもに考えさせることも大切です。しかし，それだけで終わってはいないでしょうか。翌日にでも，昨日の下校中，本日の登校中の自分自身の歩き方について，振り返る時間を設けてみてください。自分の行動を覚えていなければ，昨日考えたのに，意識できていなかったということです。このように，自分の実際の行動がどのように変容しているのかを問う時間も設定してみてください。自分自身の行動を振り返る際には，思い出せなかったり，思い込みがあったりします。下校中の様子を動画で撮影するなどして，実際の行動の様子を子どもに見せることで，客観的に振り返ることができます。

低学年

横断歩道を渡るとき

■そのまま話せる「導入」

道路を渡るとき，どこを通りますか？ 歩道橋や地下道もありますが，横断歩道を渡ることが多いのではないでしょうか。
横断歩道は，歩行者が道路を渡る場所です。では，みなさんが横断歩道を渡るときに気をつけていることは何ですか？

■子どもの反応

まずは，信号が赤か青かを見ます。そして，右，左をよく見て手を上げて渡ります。

信号が点滅しているときは渡りません。信号が赤のときも渡りません。渡るときは，車が来ていないかよく見て渡ります。

横断歩道を渡っている最中に信号が点滅したら，急いで渡るようにします。

信号をよく見て，右左右を見て，車が来ていなかったら進みます。

■そのまま話せる「まとめ」

歩行者用の信号がある場合，まず信号を守らなければなりません。でも，信号がない場合はもちろんのこと，信号がある場合でも，車が近づいてこないか前後左右を確認しながら渡る方が，自分の身を守ることに繋がりますからね。

Chapter 2　週1回×10分間の安全教育シナリオ　61

歩行場所と待機場所

■そのまま話せる「導入」

道路や歩道を歩くとき,みなさんはどのあたりを通っていますか？そうです。できるだけ車から離れた場所を歩くといいですね。では,信号待ちをする場所について,自分の安全のために何か考えて行動している人はいますか？

■子どもの反応

信号が青になるのを待っています。場所については,あまり考えたことがありません。

自転車が通ったりするので,端に寄るようにしています。

早く渡りたいので,道路のぎりぎりのところで待っています。

道路の近くだと間違って車が来たときにひかれてしまうので,道路から離れたところで待つように,おうちの人に言われたことがあります。

■そのまま話せる「まとめ」

歩道や道路を歩くとき,信号待ちをするとき,どの場合も「車から離れる」ことが大切のようですね。信号待ちをしている場所に,電柱やガードレールなど万が一車が来たときに自分を守ってくれるものがある場合は,その後ろ側で距離をとって待つといいですね。

加害者にならないために

■そのまま話せる「導入」

道路上で起こる事故の中には，車や自転車が関わっていない事故も起こります。そうです。歩行者が加害者になる場合です。歩行者同士がぶつかり，大きな事故に繋がっているものもあります。では，加害者にならないための歩き方について考えてみましょう。

■子どもの反応

周りの人を見て，落ち着いて歩くことが大切だと思います。特に人とすれ違うときには注意が必要です。

でも，急いでいるときには走ってしまいます。

友だちと歩いているときは，話に夢中になってしまって，歩くのが遅くなり，後ろの人に迷惑をかけていたことがあります。

雨の日は傘をさしているので，すれ違うときに傘がぶつからないように傘を少し横に倒して歩くようにしています。

■そのまま話せる「まとめ」

急いでいる，会話が楽しいなどの理由があるのかもしれませんが，道路はみんなで譲り合って使う場所です。特に人とすれ違うときには注意が必要です。周りの状況に目を配り，相手に思いやりを持って，譲り合いながら行動できる人になってほしいと思っています。

Chapter 2　週1回×10分間の安全教育シナリオ　63

交通安全

12 見通しの悪い場所

1 子どもたちにこれを伝えたい！

　見通しが悪い場所というのは，左右に壁があり，左右方向への車や自転車などの往来が見にくい交差点をイメージしがちです。もちろんそのような場所も見通しは悪いですが，子どもの視線になってみると，それだけではなく，公園や歩道などにある植栽やカーブ，坂道，停車中の車なども先の様子が見えにくく，わかりにくくなっています。まずはこのことを教師も認識しておく必要があります。教師が認識することで，子どもに考えさせる視点が増えるからです。見通しが悪い場所では，次に何が起こるかわからないため，特に慎重な行動選択ができる子どもを育てたいですね。

2 指導のアドバイス

　低学年の場合特に，実際の場所に行き，学習をする方が効果的です。離れた場所の話だとそこがどこなのか，どのように危険なのか，どうしてもイメージしにくくなるためです。その場で，そのときに学習する方がわかりやすいです。保護者の方や地域の方の協力を得ながら，実際にフィールドワークに出て，見通しが悪いとはこういうことだということを実感させましょう。そうすることで，事故防止のための行動にも結び付けやすくなります。出かけるのが難しい場合でも写真や Google Maps などを活用するとよいでしょう。見通しが悪い箇所というのは，子どもの身長だから先が見えにくくなっている箇所があります。自分の膝から肩ぐらいの高さにあるものは子どもの視界を遮ることを認識して，周りの様子を観察してみましょう。

低学年

交差点に潜む危険

■そのまま話せる「導入」

交通事故は交差点でよく起こっています。信号がなくて，さらに先が見えにくい交差点もあります。とても危険です。そのような場所を通るときには，どのようなことに気をつけるとよいでしょうか。

■子どもの反応

あまり考えたことがありません。車が来るのが見えたり，信号があれば止まったりしますが，見えないとどうすればいいのかな？

帰っているときに，友だちと追いかけっこをしてしまい友だちが道路に飛び出したことがありました。そのときに自転車が来て，ぶつかりそうになったことがあります。危ないことをしてしまったと思い，交差点の近くで走るのはやめようと思いました。

車や自転車が来ていると思って進むといいと思います。もし来ていたら，ゆっくり進んでよかったと思えるし，もし来ていなくても，来ていなくてよかったと思えるからです。

■そのまま話せる「まとめ」

子どもの事故で多いのは飛び出しによる事故です。こちらから見えにくいということは，相手からも見えにくいということです。先が見えない場所では，自分も相手も，みんなが「大丈夫かな？」と疑いながら進まなければなりませんね。

カーブや坂道に潜む危険

■そのまま話せる「導入」

交差点での事故が多いことは知っていますよね。交差点以外にも，道が曲がっているところ，進む方向が変化しているところがあります。カーブや坂道です。カーブや坂道のどういうところが危ないのか考えてみましょう（画像を提示するとわかりやすい）。

■子どもの反応

壁がある交差点と同じように，カーブの場合，先が見えないので，急に車が来たように感じて危険です。

坂道は車にスピードが出やすいので危険です。見えにくいというのは，わかりません。

坂道を上っているときに，先が見えないことがあります。一番上のところから先の道が見えません。

ということは，車が上ってきて，私たちがこれから下ろうとしているときには，車から私たちは見えていないということか。

■そのまま話せる「まとめ」

先が見えにくいところは危険が多いということですね。急に出会うことになるので，対応するのに時間もかかります。まずは，ここは見えにくいので危ないという状況を探してみましょう。

高学年

先が見えないことによる危険

■そのまま話せる「導入」

見通しが悪いということは、先が見えにくいということです。交差点付近にある建物の塀以外にも、何かがあることで先が見えにくくなっていることがあります。どのようなものが見えにくくしているか考えてみましょう。

■子どもの反応

公園の周りに植物が植えられています。あれがあると周りの様子が見えにくいです。

そのような植物が、歩道に植えられている箇所もあります。車から歩道の様子が見えにくいのかなと思いました。

道路に停まっている車も後ろから来る車やバイクを見えにくくしていると思います。

今日の下校中、見えにくい場所を探してみようと思います。

■そのまま話せる「まとめ」

先が見えない状況はいろいろとありそうですね。今出てきた意見のように、見えにくい箇所は危ないと思うことと、そのような場所では、車が来るかもしれないと思って慎重に行動することが大切ですね。見つけたものを明日教えてくださいね。

交通安全

13 雨天時の歩行

1 子どもたちにこれを伝えたい！

　晴れの日と雨の日では，道路状況が大きく異なります。車道では，晴れていれば歩いて移動する人も，雨の日は車で移動する人が増えることから交通量が増えます。交通量が増えると渋滞も増え，車と車の間を通り抜けることも出てくるかもしれません。危険ですよね。歩道では，傘をさして移動することから，視界が遮られたり，一人の歩行空間が広くなったりするため，人や自転車との衝突の危険性が高まります。このような道路状況の変化の様子は，地域によって異なります。ご自身の勤める学校の周辺の状況を把握した上で，学習内容を工夫していくとよいでしょう。

2 指導のアドバイス

　雨の日の登下校の様子を観察したり，子どもに聞いてみたりすることから始めてみましょう。晴れの日よりも歩行スピードが遅くなります。信号のある交差点では，信号待ちをする人で渋滞していることもあります。人も車も渋滞していると，時間に余裕がなくなり，焦り始めます。そうすると様々なところで雨の日ならではの危険が生じます。だからこそ，雨の日はいつもより時間に余裕を持って行動するような習慣を身に付けさせたいですね。

　警察の方に来ていただき，交通安全教室を実施している学校があります。多くの場合，晴れの日を前提に，道路利用のルールを学び，実際に歩いてみるという体験学習を実施しているかと思いますが，雨の日に多い事故や，雨の日の道路状況などについて，話をしてもらうのもよいでしょう。

傘を使うときの歩き方

■そのまま話せる「導入」

雨の日は傘をさして歩きますよね。晴れの日の歩き方と違うところがたくさんあると思います。では，雨の日だから気づきにくいこと，傘をさしているから気づきにくいことにはどのようなことがあるか考えてみましょう。

■子どもの反応

傘をさしていると，周りの様子が見えにくくなります。前から人が歩いてきても気づきにくいです。

私の傘は透明な部分があって，そこを前側にしておくと前から人が来てもわかるようになっています。

私もその傘を使っていますが，水たまりに入りたくないので，下を向いて歩いていることが多いです。前はあまり見ていません。

傘をさしていると後ろの様子が全くわかりません。横を見ようとしても自分の傘しか見えません。

■そのまま話せる「まとめ」

傘をさしていることで，普段は見えている部分も見えにくくなりますね。そのことがわかった上で，次の雨の日に，みなさんが安全に登下校するために実際にした工夫を聞かせてくださいね。

歩行空間への意識

■そのまま話せる「導入」

傘をさすと，傘の分だけ普段よりも歩くのにスペースが必要になりますよね。それが原因で事故やトラブルも起こります。どのような事故やトラブルが起こるか考えてみましょう。

■子どもの反応

普段は普通にすれ違える歩道でも，傘をさすとすれ違いにくくなって，ぶつかってしまう可能性があります。

横に並んで歩けるところが縦に並ばないといけなくなります。後ろを振り返ったり，立ち止まったりすることが増えるのもよくないと思います。

それなら雨合羽を着るようにするといいんじゃないですか。

すれ違いにくいということで言うと，自転車とすれ違うときがとても危険だと感じました。自転車もすれ違いにくいのでぐらぐらしたり，こちらに近づいてきたりしてぶつかりそうになりました。

■そのまま話せる「まとめ」

傘をさすと自分もみんなも歩行空間が広くなります。だからこそ，お互いに譲り合うことが大切になります。すれ違うときには，傘を傾けたり，少し立ち止まって譲ったりしながら歩いてみましょう。

起こりうる事故と事故防止

■そのまま話せる「導入」

雨の日は車で送ってもらったり，通勤したりする人が増え，車の交通量が増えます。みなさんが車に乗らなくても，交通量が増えることにより，普段は起こりにくい人と車の事故も起こりえます。「雨の日だから起こりやすい事故」を考えてみましょう。

■子どもの反応

傘をさして歩いているので，普段よりも車の近くを歩くことになって，車とぶつかるかもしれません。

横や後ろの状況を把握しにくいので，普段よりもしっかりと周りを見ないと，車にひかれてしまうかもしれません。

車が渋滞していて，横断歩道にも車が停まっていることがあります。そこを渡るのはとても怖いです。

運転手も視界が悪いので，交差点で曲がってくる車にはいつも以上に注意しなければいけないと思います。

■そのまま話せる「まとめ」

車が渋滞しているために車の間を通ることや，視界が悪いときの車の右左折には特に注意が必要です。雨の日は何をするにも時間がかかりますから，時間には余裕を持って行動するといいですよ。

交通安全

14 公共の場の使い方

1 子どもたちにこれを伝えたい！

　「交通のひんぱんな道路において，球戯をし，ローラー・スケートをし，又はこれらに類する行為をすること」が道路交通法第七十六条第四項第三号で禁止されています。「ひんぱん」の捉え方は難しいかもしれませんが，公共の場であることに違いはありません。みんなが安全に過ごしやすく利用をするために，思いやりを持って，譲り合って利用する必要があります。道路以外の公共施設も同様です。利用者の方が使いやすく，お互いに迷惑をかけないように利用しなければなりません。これらのことを踏まえた上で，どのような利用の仕方が適切なのか考えさせたいものです。

2 指導のアドバイス

　子どもは道路や公園，公共施設を利用しているとき，楽しさのあまり，度が過ぎる行動をとることがあります。もちろんそれは自分たちの判断で控えるべきところですが，未熟なのでしょう。その場で注意をしてくれるとありがたいのですが，学校に，子どもの利用態度やマナーについて苦情が寄せられることがあります。そのことについて確認し，指導をすることも大切ですが，何かが起こる前に日頃から子どもに考えさせる機会を持つことが大切なのではないでしょうか。

　その事象だけを見ると学校外のことなので，教師が関わることではないと捉えられます。しかし，子どもが安全に関する資質・能力を身に付けるという観点で，このような機会を活用してみてはいかがでしょうか。

低学年

道路での遊び

■そのまま話せる「導入」

道路は車や人などが通行するための場所ですよね。でも、道路で遊んでいる人を見かけることがあります。みなさんもありますか？道路では遊んではいけませんが、どうしていけないのでしょうか。

■子どもの反応

道路で遊んでいるときに、車や自転車が来て、ひかれてしまうかもしれないからです。

車にぶつかって、大怪我をするからです。もし転んでしまったら、車を運転している人から、見えなくなってしまうと思います。

人に迷惑をかけるからです。自分も相手も危険なので、道路では遊んではいけないと思います。

車や自転車にひかれるだけではなくて、歩いて通る人の邪魔にもなると思います。

■そのまま話せる「まとめ」

車や自転車にひかれないため、というのはもちろんそうですが、人に迷惑をかけないため、というのはとても大切な考え方ですね。高齢者の方が歩いていたり、ベビーカーを押している人がいたり、みんなが使う場所だということを考えなければなりませんね。

中学年

公園の利用と交通事故

■そのまま話せる「導入」

公園では赤ちゃんから幼稚園児，小学生から大人まで様々な年齢の人たちが利用しています。公園で遊んでいるときにも交通事故が起こる可能性があります。それはどのようなときでしょうか。

■子どもの反応

ボールで遊んでいるときに，公園からボールが出てしまい，そのボールを追いかけることに夢中になって，車と衝突することがあると思います。

公園の周りに植物が植えてあると，公園の外と中の様子がわかりにくくて，事故が起こりやすいと思います。

私がよく行く公園では，ボールを使ってはいけないことになっています。でも，自転車に乗っている人がいて危ないなと思います。

赤ちゃんや幼稚園児の動きは予想できないので，自転車に乗っているとぶつかることがあると思います。

■そのまま話せる「まとめ」

公園から飛び出して事故に遭うことはよくあります。植栽などで見通しが悪くなっているならなおさら気をつけなければなりません。多くの人が利用する場所では，他の人の安全にも気を配りましょう。

高学年

公共施設の利用とマナー

■そのまま話せる「導入」

児童館や図書館，体育館など学校以外にもみなさんが利用できる市や町の施設はたくさんあります。それらの場所では多くの利用者の方がいます。お互いに気持ちよく利用するためには，どのようなことに気をつけなければならないでしょうか。

■子どもの反応

他の人に迷惑をかけないように，図書館のように静かにしなければならないところでは，大声で話してはいけないと思います。

児童館に遊びに行くことがありますが，幼稚園児がいることもあるので，譲ってあげたり，ものを渡してあげたりしています。

自転車で行くことが多いのですが，駐輪場に停まっている自転車がばらばらに並んでいて，停めるときに困ったことがあります。

体育館開放に行ったときに，お菓子を食べてはいけないのに，食べている人がいて困りました。

■そのまま話せる「まとめ」

公共施設を利用するときには，ルールを守ることはもちろん大切です。でも，それに加えて，利用者同士が相手のことを考え，マナーを守って利用することも大切ですね。

交通安全

15 公共交通機関や移動手段の利用

1 子どもたちにこれを伝えたい！

　車社会が進んだことにより，電車やバスなどの公共交通機関を利用して移動する機会が少なくなっているのではないでしょうか。小学生では，公共交通機関の利用経験のない子どもがいるかもしれません。電車やバス，飛行機，船などの交通機関とエレベーターやエスカレーターなどの移動手段を利用するときに気をつけるべきことを考えさせましょう。多くの人が利用するものなので，ルールを守り，譲り合って利用することが基本となります。最近では，他の利用者のことを考えずに，周りの人たちに迷惑をかけている事例もあります。利用の仕方によっては，大きな事故や死に至る事故が生じていることも伝えていきたい内容です。

2 指導のアドバイス

　公共交通機関の利用経験の少ない子どもでも，エレベーターやエスカレーターを利用した経験のない子どもは少ないでしょう。子どもがより自分事として捉えるためには，やはり身近な内容を取り上げる必要があります。エスカレーターの利用では，歩く人は，関西では左側，関東では右側をということが言われていましたが，今では，ステップの上は歩かないということが推奨されています。校外学習や社会見学などで利用する前に学習することは，もちろん大切ですが，子どもたちはその活動以外でも利用しています。子どもが普段の生活を安全に過ごすために，という視点で考えると，行事に関係なく学習する機会を設けた方がいいですよね。

低学年

エスカレーターの安全な利用

■そのまま話せる「導入」

普段何気なく利用しているエスカレーターですが、実はたくさんの危険が潜んでいます。今日は、エスカレーターの利用の仕方について考えてみましょう。安全に利用するために、どのようなことに気をつけて利用しますか？

■子どもの反応

自分が転んでもエスカレーターは動き続けて、とても怖いので、歩かないようにしています。

体を乗り出すと、反対側にぶつかったり挟まったりして危険です。

黄色い線が引いてあるので、線を踏まないようにしています。

靴紐がほどけていると巻き込まれてしまうかもしれません。乗る前だけではなくて、ほどけていることに気づいたらすぐに結ぶようにしています。

■そのまま話せる「まとめ」

エスカレーターは緊急停止することがあります。急に止まったら、体は倒れます。歩いていたり、手すりベルトを掴んでいなかったりすると、前の人にぶつかって将棋倒しのようになり、多くの人が大怪我をする、ということも考えて利用するようにしましょうね。

優先席について

■そのまま話せる「導入」

電車やバスなどの公共交通機関には，優先席があるのを知っていますか？ 優先席を利用したことがある人はいませんか？ 優先席は子どもが利用してもよいのでしょうか？

■子どもの反応

私は使ったことがありません。マークに高齢者や妊婦さんなどのイラストが描かれていて，私には当てはまらないからです。

私は足を骨折していたときに座ったことがあります。怪我をしている人も利用していいイラストがありました。

気分が悪くなったときには，使ってもよかったのかなぁ？

私は怪我をしていなくて，体調もよかったけど，おうちの人に座っていいよと言われたので，座ったことがあります。理由を聞くと，誰も利用する人がいないからと言っていました。

■そのまま話せる「まとめ」

子どもでもそのときの自分の状況によっては利用してもよさそうですね。誰も利用者がいないときは，人それぞれの考え方次第ですね。優先席が埋まっていると，利用したい人が近づきにくくなってしまうかもしれませんからね。

誰もが利用しやすくするために

■そのまま話せる「導入」

多くの人が一緒に利用する場所では，お互いに譲り合い，相手のことを考えて行動しなければなりません。例えば，電車では，具体的に何に気をつけて行動すればよいでしょうか。

■子どもの反応

他の人に迷惑をかけないように，まずは静かにすることが大切だと思います。

スペースが限られているので，立っていても，座っていても場所をとりすぎるのはよくないと思います。大きな荷物を持っているときは，気をつけないといけないと思います。

リュックは前向きにして持つ，ということを聞いたことがあります。前に持つと勝手に開けられて盗られる心配もなくなると思います。

椅子に荷物を置いたり，足を組んだりするのもよくないと思います。

■そのまま話せる「まとめ」

迷惑をかけないために，いろいろなことができそうですね。相手への気配りが大切です。リュックの持ち方の推奨は，いろいろと変わっているようです。電車に乗る機会があれば，ポスターを見たり，アナウンスを聞いたりしてみてください。

交通安全

16 日が短い時期の歩行者事故

1 子どもたちにこれを伝えたい！

　暗い道を歩いているときの安全について考える際，どうしても防犯上のことに偏って考えてしまいがちです。教師が意図しなければ，交通事故について考えさせることができません。子どもが歩行中に，車や自転車とすれ違うことはよくあることです。是非，この状況を取り上げてください。最近では，反射材がもとから付いている商品も販売されています。しかし，反射材の効果的な利用方法をわかった上で，その商品を使用している子どもは少ないでしょう。防犯ブザーと同じように，持っている，身に着けているだけではなく，その使用方法についても確認することが大切ですね。

2 指導のアドバイス

　冬が近づくにつれ，暗くなる時刻が早くなります。車を運転する人は，早めにライトを点けましょう，ということを聞いたことがある人も多いのではないでしょうか。そうしなければ見えにくくなるからです。午後4時頃からライトを点けましょうということも言われています。まさに児童の下校時刻と重なっていますよね。また，高学年の事例に記述しているように，わかっているけど，実際にはなかなかできないことも多いです。そのことを自覚することは大切ですが，そこで終わるのではなく，だからこそどういう工夫をする必要があるのか，自分にできることは何なのか，ということを考えることが大切になってきます。できない，で終わらせるのではなく，だからどうするのか，ということまでを考えさせましょう。

低学年

暗い道を歩くときに気をつけること

■そのまま話せる「導入」

冬が近づいてくると，暗くなるのが早くなります。同じ道でも明るいときと暗いときとでは，雰囲気が変わりますよね。では，暗い道を歩くとき，交通事故に遭わないためには，どういうことに気をつけて歩かなければならないでしょうか。

■子どもの反応

暗くて周りの様子がよくわからないので，明るいとき以上に，周りをよく見て歩かないといけません。

自転車や車にひかれないように，道路の端を歩かないといけません。

でも，そういうことは，明るいときも同じだと思います。暗くなる前に帰るようにするといいと思います。

見えにくいけど，音の聞こえ方は同じなので，車やバイクが近寄ってくる音に気をつけるといいと思います。

■そのまま話せる「まとめ」

暗い中を一人で歩くことがないようにすることがまずは大切ですね。どうしても一人になるときがあるかもしれません。音に気をつけるというのはいいですね。暗くても，音の大きさは変わりませんからね。一度，車やバイクの音を意識して歩いてみましょう。

気づいてもらう工夫

■そのまま話せる「導入」

暗い中では、周りが見えにくくなります。それは車や自転車の運転手も同じです。運転手に自分がここにいる、ということに気づいてもらうためのものとして、反射材があります。どのような使い方をしていれば、運転手に気づいてもらいやすいか考えましょう。

■子どもの反応

かばんに付けておけばいいと思います。

でも、かばんを後ろで持っていると、前から来る車には気づいてもらえないと思います。

前から来る車は自分でも気づけるし、後ろ姿だけの方が気づいてもらいにくいのかなと思います。

暗い色の服ではなくて、明るめの色の服を着て、反射材をかばんに付けていると気づいてもらいやすいと思います。

■そのまま話せる「まとめ」

反射材が付いていれば安全ということではなさそうですね。それが運転手に見えないと意味がありません。そのことも考えて歩くようにしてみましょう。暗い中では服の色を変えるだけでも、見えやすさが変わるということも知っておくといいですね。

高学年

事故事例や自身の行動から考える

■そのまま話せる「導入」

冬場の夕方以降，暗くなり始めてから暗くなるまでの時間帯にかけて，道路横断中の事故が多くなっています。では，みなさんが交通事故に遭わないためには，どのように行動するとよいでしょうか。

■子どもの反応

暗くなり始めたときは，車もライトをまだ点けていないので，反射材は意味がないと思います。自分の目でしっかり確認することが大切だと思います。

運転手も歩行者に気づきにくいのだと思います。だから，無茶な横断はしてはいけないと思います。

暗くなってくると早く帰らないといけないと思って，どうしても急いでしまいます。時間に余裕を持って行動するとよいと思います。

でも，遊びたくて遅くなってしまいます。

■そのまま話せる「まとめ」

まずは事故が起こりやすい状況を知っておくことが大切です。それと，自分の性格も自分なりに把握しておきましょう。自分はこういう性格だから，できない，ではなく，こういう工夫をしておいた方がよい，という考え方が事故防止に繋がりますからね。

交通安全

17 自転車利用①（安全な自転車利用）

1 子どもたちにこれを伝えたい！

　自転車の利用率は地域によって，大きく異なります。坂道の多い地域では，自転車の利用者は少なく，逆に平坦な道が多い地域では，自転車利用者は多くなるようです。電動アシスト自転車の導入や健康志向，レンタサイクルの普及等により，自転車利用者の目的や年齢層に幅がでてきました。それだけ，ベネフィットがあることがわかります。しかし，その分リスクもあるため，安全に利用するために，知っておかなければならないことや守らなければならないルールがあります。これからの交通社会を担うことになる子どもたちに，安全な自転車利用について考えてほしいです。

2 指導のアドバイス

　車やバイクの免許を取得するためには，交通ルールに関する学科試験があります。自転車も車両なのに，利用にあたっては，免許はありませんし，交通ルールの試験もありません。でも，自転車利用に関するルールはたくさんあります。それらを知らずに利用することは，とても危険です。また，自転車のルールは年齢によって異なるものもあります。利用者実態や交通社会の変化等により，ルールが変更になることもあります。まずは，先生自身が自転車利用に関するルールを知るように努めなければなりません。先生が知ることで，子どもにも伝えたくなりますよね。交通安全クイズのような子ども向け学習ツールを，ホームページ等で提供している自治体もあります。それらも活用できますので，是非確認してみてくださいね。

低学年

自転車利用のリスクとベネフィット

■そのまま話せる「導入」

自転車を利用すると便利ですよね。では,どういうところが便利なのか,そして,その代わりにこういう危険性がある,ということを併せて出し合い,安全な自転車利用について考えてみましょう。

■子どもの反応

自転車に乗ると,歩くよりも速く移動できるけど,歩いている人とぶつかって自分も相手も怪我をするかもしれません。

自転車に乗った方が疲れにくいし,速いけど,坂道ではスピードが出て危険です。

乗っていると風が気持ちいいし,楽しくなります。でも,前が見えにくくなるから危険です。

すいすい走れるのが便利です。でも,狭い道や人が多い場所は危険です。雨の日にはマンホールで滑ってしまうかもしれません。

■そのまま話せる「まとめ」

なるほど,自転車を利用すると,遠くに行けたり,速く行けたりするのが便利なのですね。その代わり,スピードが出ることによる危険性が高まりますね。今日考えたように良い面と悪い面から考えることも大切ですね。

中学年

自転車点検

■そのまま話せる「導入」

自転車を利用すると目的地に速く行けたり，楽に行けたりするので便利ですよね。安全に自転車に乗るためには，ルールを守るだけではなく，自転車自体が安全かどうかの点検もしなければなりません。では，どこを点検するとよいのでしょうか？

■子どもの反応

一番大切なのはブレーキだと思います。危ないときには止まらないといけないので，ブレーキが利くかどうかの点検をします。

サドルの高さが高すぎて，足が地面に届きにくくて，止まったときにバランスを崩しました。サドルの高さも大切です。

自転車ではないですが，長いスカートをはいていると，タイヤに巻き込まれて危ないと思うので，服装にも気をつけないといけないと思います。

タイヤに空気が入っているかも点検しなければなりません。

■そのまま話せる「まとめ」

自転車に乗る前には，合言葉「ブタはしゃべる」（ブレーキ，タイヤ，ハンドル，車体，ベル）を思い出しましょう。また，服装も大切です。スカートだけではなく，紐なども注意ですね。

高学年

自転車利用時のルール

■そのまま話せる「導入」

自転車に乗る際には，いくつもルールがあります。それは利用者だけではなく，歩行者を守るためでもあります。自転車利用時のルールで知っていることを共有してみましょう。

■子どもの反応

最近よく見かけるのが，イヤホンを付けて自転車に乗っている人です。イヤホンを付けての利用はしてはいけないと思います。

雨の日など，傘をさして自転車に乗るのもいけないとニュースでやっていました。雨の日に雨合羽を着るというルールのようでした。

自転車は車両なので，歩道を通らずに，車道を通らないといけません。でも，子どもは通ってもいいと聞いたことがあります。

2人乗りもしてはいけません。保護者が子どもを載せるのはいいのかなぁ？

■そのまま話せる「まとめ」

自転車は車両ということです。歩行者のことを優先して考えて利用しなければなりません。イヤホンや雨合羽，車道通行，幼児同乗など，実は自転車利用にもたくさんのルールがありますね。

交通安全

18 自転車利用②（事故防止）

1 子どもたちにこれを伝えたい！

　自転車は車やバイクと同じ，車両の仲間です。何気なく乗っている自転車でも法的な位置付けでは，車両であることを子どもの頃から知っておく必要があります。だからといって，事故事例のみの紹介や，事故車両の提示をし，事故の怖さを印象付けるような脅しの安全教育をするのではなく，安全に，そして便利に利用するための方法を学び，身に付けておくことが重要になります。子どもの安全への意識が一時的なものになることがないように，子ども自身の利用方法や普段の生活場面を振り返りながら，継続的な安全行動に繋げられるとよいですね。

2 指導のアドバイス

　自転車利用時の交通事故は，中学生，高校生が圧倒的に多くなっています。行動範囲が広がったり，そもそも利用者数が増加したりすることが原因として考えられます。とはいっても，小学生でも事故に遭い，亡くなっている事例や加害者となっている事例があります。子どもに事例を紹介することは，具体的な内容をイメージしやすくなることから，学習を進める上で，効果的です。しかし，どこかで事故が起こってから扱うのではなく，交通事故が多くなる５月や６月頃，暗くなるのが早くなる頃，雨の日など，交通事故が起こりやすい時期や天候のときに学習する機会を設定するようにしてみてください。子どもの中にも，何かが起こったから学んでいるのではなく，何かが起こる前に学んでいるという未然防止の意識が芽生えるはずです。

低学年

歩行者視点での事故防止

■そのまま話せる「導入」

歩行中に自転車と衝突しそうになったことはありますか？ 歩行者と自転車の衝突事故はたくさん起こっています。では，みなさんは，自転車と衝突しないために，何に気をつけて歩くとよいか考えてみましょう。

■子どもの反応

端に寄って歩くといいと思います。でも，友だちと帰っているときは広がってしまうことがあります。

前から来る自転車には気づきやすいですが，後ろから来る自転車には気づきにくいので，たまに後ろを見るようにします。

車と同じで，見通しの悪い交差点のところでは，急に自転車が来るかもしれないので，ゆっくりと確認をしないと危ないと思います。

自転車も車ほどではないけど，ぶつかると大怪我をするので，自転車も危ないと思って，ぶつからないようにするとよいと思います。

■そのまま話せる「まとめ」

歩行者は右側通行をすることが基本ルールになっています。ルールを守ることだけではなく，ぶつかって痛い思いをしなくても済むように，目や耳を使って周りの様子を知るようにするとよいですね。

自転車利用時の事故防止

■そのまま話せる「導入」

自転車に乗っていて危ないと思ったことはありませんか？　自転車は便利な乗り物ですが，自転車ならではの危険もたくさん潜んでいます。その危険を知った上で，利用することが大切です。では，どのような危険が潜んでいるでしょうか。

■子どもの反応

自転車に乗っているときは，歩いているときよりもスピードが出ているので，急に止まれなくて危ないです。

スピードを出さずにゆっくり乗るといいと思います。

でも，ゆっくり乗るとバランスを崩しやすくて，歩行者とすれ違うときに，ぶつかりそうになったことがあります。

中学生になると，車道を走らないといけなくなると聞いたことがあります。車道を走るのは，車が近くにいるので，とても怖いです。

■そのまま話せる「まとめ」

自転車は車両です。左側通行や13歳以上になると車道を走ることが基本ルールです。でも，歩道でも自転車が通行してもよい標識があるところでは，歩道を通行できますよ。とはいっても，歩行者優先ですから，歩行者には十分に気をつけなければなりません。

高学年

加害者にならないために

■そのまま話せる「導入」

自転車に乗っている小学生が歩行者に衝突し,歩行者に重傷を負わせるという事故が起こっています。被害者になる交通事故ばかりを考えていてはいけません。加害者にならないために気をつけなければならないことはなんでしょうか。

■子どもの反応

自転車に乗っているときは,歩行者に気をつけて,歩行者優先であることを忘れないようにします。

小さな子どもの動きは予測できないので,危ないなと思うときには,スピードを落とすようにするとよいと思います。

万が一のために,自転車保険に入っておくとよいと思います。でも,私は入っているのか知らないので,今日帰って聞いてみます。

スマホを触りながら乗っている人もいますが,かなり危険です。

■そのまま話せる「まとめ」

自転車の危険行為というものがあることを知っていますか？ 道路交通法で,規制対象とされている行為です。自転車利用のルールが厳しくなっているのです。便利であるからこそ,ルールを守って,道路は譲り合って利用しなければなりませんね。

交通安全

19 危険情報の収集

1 子どもたちにこれを伝えたい！

　外部からの情報のほとんどは目から得られます。しかし，耳からも情報を得られるということが，自然に身に付いている子どももいれば，気づいていない子どももいます。改めて確認することで，事故防止に役立てることができるでしょう。最近では，ルールを守っていても事故に巻き込まれる事案が多々発生しています。ルールを守りましょう，だけでは自分の身が守れないという現実があるということです。悲しいことですが，そのことも踏まえた上で，子どもには，自分の身の守り方を考え，身に付けさせることが必要です。古くから言われている，止まる，自分の目で確かめる，行動する，これが最も重要なことです。

2 指導のアドバイス

　これまでの内容を含め，交通安全に関する内容を学習する際には，校区内の場所を取り上げると，子どもは自分事として捉えやすくなり，事故防止について考えやすくなるでしょう。Google Maps を使用すると，実際に登下校で使用している道を順番に確認することができます。自身の通学路に関する情報を探しながら，見直すことができるので，とても便利です。また，耳からの情報も，車やバイクが通る音，踏切の音，雨の日の道路の音など（インターネット上にもあります）を聞かせることで，子どもは耳に注意を集中させるということも体験できます。学習を通して，実際に音から情報を得る経験をすることで，普段の生活の中でも活用しやすくなるはずです。

目からの情報

■そのまま話せる「導入」

道路にはいろいろな標識や路面標示があるのを知っていますか？あれはルールを伝えるだけではなく，危険性も教えてくれています。標識や路面標示から，どんな事故が起こりそうか考えてみましょう。

■子どもの反応

「止まれ」という標示を見たことがあります。止まらなければ，違う方向から来た車やバイクとぶつかってしまいます。

横断歩道も，道路に書かれています。人が通る場所です。だから横断歩道がないところを渡ると，車は人が渡らないと思って，気づかずにひいてしまうかもしれません。

「スピード落とせ」という標示も見たことがあります。あれは運転手のための言葉だと思いますが，事故が起こりやすい場所を教えてくれていると思うので，歩くときも気をつけた方がいいと思います。

道路の標識って車の人のためにあると思っていました。

■そのまま話せる「まとめ」

標識や路面標示のほとんどは，車，バイクなどの車両のためにあります。でも，車両が気をつけるのは，人との事故の可能性もあるからですよね。だから歩行者も事故防止に活用できるということです。

中学年

耳からの情報

■そのまま話せる「導入」

横断歩道を渡るときは,「右,左,右」を見てから渡っていますよね。車が来ていないか,目で見て確かめるためです。今日は,目からだけではなく,耳から集められる事故防止のための情報にはどのような音があるかを考えてみましょう。

■子どもの反応

車のクラクションの音があります。

クラクションが鳴る前に,車が近づいてきたら,車の音がするので,それで気をつけるといいと思います。

雨の日は,傘をさしていて,雨が傘に当たる音がするので,車の音に気づきにくいので,注意が必要です。

踏み切りでは,電車が通る前には,カンカンカンという音がするので,気をつけることができます。

■そのまま話せる「まとめ」

音を意識して歩いてみると,普段は気づかない音に気づくことができます。音が聞こえないから安心するのではなく,音からも危険を予測することができるということを知っておくと,自分の身を守る手段が増えることになりますからね。

ニュースから自分の行動を考える

■そのまま話せる「導入」

○○で，小学○年生が巻き込まれる事故が起こりました。この子はルールを守っていましたが，事故に巻き込まれてしまいました。とても残念です。ルールを守った上で，さらに交通事故に遭わないためにできることは何でしょうか。

■子どもの反応

横断歩道を歩くときは，歩行者用の信号が青でも，本当に車が来ていないか，自分の目で見て確かめてから渡るといいと思います。

自分がルールを守っていても，相手が守っていないことがあるので，本当に大丈夫なのか，確認する必要があると思います。

ルールを守っていても，車が来るかもしれない，というように相手を疑いながら行動すると，咄嗟に行動できると思います。

来るかもしれないという考え方は，とてもいいと思います。

■そのまま話せる「まとめ」

自分がルールを守っていて事故に遭ってしまった場合，悪いのは相手でも，痛い，苦しい思いをするのは自分です。その後の生活で苦労するのも自分です。だからこそ，自分の身は自分で守れるように，危険を予測する力をつけておく必要がありますね。

災害安全

20 地震発生時の行動①

1 子どもたちにこれを伝えたい！

　地震はいつどこで発生するかわかりません。学校では，授業中や休み時間
など，地震発生時刻を変化させて避難訓練を行っている学校が多いのではな
いでしょうか。学校生活を安全に送るという点からいうと，もちろん重要な
ことですし，最低限しなければならないことでしょう。また，訓練ではなく，
実際に地震が起こった際に，自分がとった避難行動について振り返る学習は
とても有効です。このような避難行動をとらなければならないとわかってい
たのに，できないことがあったことに気づくことができるからです。こので
きなかったことに気づくことは，今後の自身の行動を考える際にはとても重
要になります。是非，できなかった自分と向き合って考えさせましょう。

2 指導のアドバイス

　学校生活時のことを考える場合，全員が共通の場所で生活をしているため，
避難行動についても共有し，理解しやすいものです。しかし，各家庭内での
生活時のことを考えると，家の間取りや家具，生活スタイルなども異なり，
共有しても，お互いにはなかなかわかり合えません。でも，避難行動に焦点
を絞って考えると，基本的な避難行動自体は共通していることに気づくこと
ができます。そうすることで，いつどこで地震が起こってもとるべき避難行
動として一般化することができるのです。ただ単に一般的な避難行動を学ぶ
のではなく，自分たちの身近な場所から考えることで，自分事として捉えた
避難行動となり，理解も深まりやすくなるでしょう。

低学年

避難行動の振り返り

■そのまま話せる「導入」

（実際に揺れを感じる程度の地震発生後に行います）この間，この地域でも地震で揺れましたが，みなさんはそのときどのような避難行動を取りましたか？　振り返ってみましょう。

■子どもの反応

学校で教えてもらったように，すぐに頭を守るために机の下に避難しました。

揺れているとき，ドキドキしてしまって，動けませんでした。気づいたら揺れが収まっていました。

私もそうでした。何もできずにただ揺れが収まるのを待っていました。もし何かが倒れてきていたら，挟まれていたかもしれません。

はじめは動けませんでしたが，どこからか「隠れろ」という声が聞こえたので，隠れることができました。

■そのまま話せる「まとめ」

地震が起こったときのために，避難訓練をしていますが，実際に地震が起こると，訓練のように動けないことがあります。ですから今日のように，自分の避難行動を振り返ることが大切になります。次の訓練では，今日の学習のことも思い出して取り組みましょう。

中学年

寝ているときの避難行動

■そのまま話せる「導入」

地震はいつ起こるかわかりません。学校にいるときの訓練はしていますが，家にいるときの訓練はしていませんよね。みなさんはどこで寝ていますか？　そして，寝ているときに地震が起こったらどのような避難行動をとりますか？　考えてみましょう。

■子どもの反応

私は家族と一緒に寝ています。寝る部屋には倒れてくるものは置かないようにしているので，地震が起こったら，布団で頭を守ります。

私は１人で自分の部屋で寝ています。倒れてくるものはないけど，部屋の机の下に避難した方がいいのかなぁ？

電気とか天井の壁とかが落ちてくるかもしれないので，私なら机の下に移動すると思います。

部屋のドアを閉めて寝ていますが，揺れでドアが開かなくなるかもしれないので開けて寝るようにした方がいいのかなぁと思いました。

■そのまま話せる「まとめ」

家にいるときに地震が起こったら，ということも考えておくことが大切です。いろいろな場面を想定して，家族で話すことで，対策できることも出てくるでしょう。是非話し合ってみましょう。

高学年

休み時間，他者への意識

■そのまま話せる「導入」

休み時間に地震が発生すると，先生が近くにいなくて，戸惑っている人がいるかもしれません。だから，特に低学年の子どもたちの安全にも気を配ることができるようになってほしいなと思っています。具体的にどのようなことができそうですか？

■子どもの反応

運動場にいる場合，しゃがむように言って，大丈夫だよ，と声をかけてあげます。

揺れが収まってからも不安だと思うので，近くにいる子どもたちに声をかけて，その場でしばらく様子を見るようにします。

下駄箱の前にいると，倒れてくるかもしれないので，離れるように声をかけます。

私は何ができるかわかりませんが，一緒に避難しようと思います。

■そのまま話せる「まとめ」

地震は急に発生するので，戸惑ってしまうことが多いです。そのときには「隠れろ」や「動くな」というように声を出して伝えてあげることが大切です。揺れが収まった後も，どうすればいいかわからない子が多いので，とにかくそばにいてあげるようにしましょう。

災害安全

21 地震発生時の行動②

1 子どもたちにこれを伝えたい！

　地震発生時に近くに大人がいる場合，避難行動の指示をしてくれたり，声をかけてくれたりすることが多いでしょう。でも地震はいつどこで発生するかわかりません。近くに大人がいない状況で発生するかもしれないのです。そんなときのことを考えて，やはり自分の身は自分で守るということを日頃から伝えておく必要があります。とはいっても，緊急時に一人でいるというのはとても不安になります。だからこそ，お互いに声をかけ合い，支え合うことが大切になります。高学年には，自助のみならず，共助という視点も意識した学習活動になるように工夫できるといいですね。

2 指導のアドバイス

　令和4年に閣議決定された「第3次学校安全の推進に関する計画」に実践的な防災教育の充実が掲げられ，避難訓練については，余震が発生した場合，停電により校内放送が使えない場合など，実際の発災後を想定した訓練を行うことの重要性が記述されています。他にも，怪我人の想定や，トイレで避難し，ドアが閉まって開けられずに脱出できない子どもがいる想定なども考えられるでしょう。子どもたちに考えさせる前に，教師が今の訓練が本当に現実的なものになっているのか，改めて考え直すことが大切です。そのように考え直すことは，子どもにも，本当にそれでよいのかと問い直すきっかけになるはずです。まずは，教師同士が，今の避難訓練は現実的なものとなっているのか考え直すところから始めてみましょう。

低学年

休み時間の避難行動

■そのまま話せる「導入」

地震はいつ発生するかわかりません。基本の避難行動を学ぶために，授業中に地震が起こったら，という設定で避難訓練を行うことが多いです。では，休み時間はどこにいますか？ そこで地震が発生したらどのように避難しますか？ 考えてみましょう。

■子どもの反応

私は図書館にいることが多いので，教室と同じように机の下に避難します。でも，本棚って倒れてこないのかなぁ？

運動場で鬼ごっこをしていることが多いので，その場にしゃがんで揺れが収まるのを待ちます。

遊具で遊んでいるときに地震が起こったら，どうなるのだろう？

すぐに降りられるなら降りた方がいいと思います。すぐに降りられない場合は，上で転落しないようにしがみつくしかないのかなぁ？

■そのまま話せる「まとめ」

自分がよくいる場所をイメージして，そこで地震が起こったら，と考えるとその場に応じた避難行動が浮かびますよね。遊具で遊んでいるときは，揺れの大きさや今いる場所などを考えて行動しなければなりませんね。むやみに動くと転落する恐れもありますからね。

○○の部屋での避難行動

■そのまま話せる「導入」

今日は家にいるときに地震が起こった場合の避難行動について考えます。自分がよくいる部屋をイメージしてください。そこで何かをしているときに地震が発生した場合，どのような危険が考えられますか？　そして，どのような避難行動をとるべきですか？

■子どもの反応

リビングでゲームをしているときだったら，頭の上にある照明が落ちてくるかもしれないので，すぐに動いて，机の下に隠れます。

部屋でマンガを読んでいることが多いので，部屋の角に行って座って待ちます。その場所は倒れてくるものがないからです。

よくいる部屋ではないけど，トイレにいるときに地震が起こるかもしれません。ドアを開けて，その場でじっと待つようにします。

冷蔵庫から何かを取り出そうとしているときなら，倒れてくるかもしれないので，すぐに閉めて，離れないといけないと思います。

■そのまま話せる「まとめ」

家でも様々な場所で生活をしていますよね。今日はおうちに帰ったら，是非もしここで地震が起こったら，と様々な場所で考えてみてください。そして，おうちの人にも聞いてみてください。

登下校中,他者への意識

■そのまま話せる「導入」

登下校中は学校内で生活をしているときよりも,みんながばらばらで行動しています。ということは地震発生時には一人一人の行動が大切になりますが,不安も大きくなります。低学年の子どものためにできることは何でしょうか。

■子どもの反応

すぐに近くに寄り添って,「大丈夫だよ」と声をかけてあげることはどこでもできることだと思います。

私も一人だと不安ですが,1年生だともっと不安だと思うので,揺れが収まった後も一緒に行動してあげたいと思います。

揺れの後,家に帰った方がいいのか,学校に戻った方がいいのか悩んでいる子もいると思うので,「おうちに誰かいる?」と聞いたりして相談にのってあげようと思います。

近くに倒れるものや落ちてくるものがないか見て,避難させます。

■そのまま話せる「まとめ」

まずは自分の身を守ることが最優先です。そして,登下校中は周りに人が少ないので,お互いに声をかけ合い,不安を解消したり,安全な行動を選択したりして支え合うことが大切になります。

災害安全

22 台風から身を守る

1 子どもたちにこれを伝えたい！

　日本は地震も多いですが，台風も多い国です。地震とは違い，台風はある程度進路や強さを予測できる自然現象です。ですから前もって，対策をすることが可能です。子どもたちは，台風が近づいてきたら外に出ない，という自分の身を守る直接的なことについては，わかっています。でも，台風による影響として，具体的にどのようなことが起こりうるのか，そのための対策として必要なことは何か，というところまでは，考えたことのない子どももいますので，是非考えさせたいものです。進路や強さを予測できるので，備えも現実的なものとなります。自分たちの生活を守るという視点から，自分の家の外の備えについても考えさせたいです。この視点は自助から共助へと，安全に関する意識を成長させることにも繋がります。

2 指導のアドバイス

　台風への備えとして，家の外の備え，家の中の備え，情報収集の仕方，避難場所等について考えてみましょう。ある程度進路や強さを予測できるので，台風が接近する前から通過した後までを時系列で整理しながら，行動計画を考える「タイムライン」を使用して学習することもできます。あらかじめ動きを想定しておくことは，いざというときの混乱を避けることに繋がります。また，理科の学習と関連付けることもできます。地域の状況，山が近い，川が近い，海が近いなど，それぞれの地域に応じた学習内容とすることが，実践的な防災教育へと繋がるはずです。

低学年

台風の危険

■そのまま話せる「導入」

台風が近づいてくると風が強くなったり，強い雨が降ったりしますよね。そうなると何が危ないのでしょうか。どういうことから自分を守らなければならないか考えてみましょう。

■子どもの反応

風で自分が飛ばされるかもしれないので，外に出ない方がいいです。

自分が飛ばされることは，あまりないと思います。でも，何かのものが飛ばされて，それが飛んできて，自分に当たって怪我をすることはあると思います。

雨が降っている中，風が強いと，傘がひっくり返ってしまうことがあります。そうすると立ち止まらないといけなくなるし，傘が周りの人にぶつかったりするので，危ないと思います。

雨が強くて前が見えにくくなるので，交通事故にも気をつけなければならないと思います。

■そのまま話せる「まとめ」

強い風によって，何かが飛んできてぶつかるかもしれないというのは考えておかなければなりませんね。いつ頃から強くなるのかは天気予報でわかるので，強くなる前に帰るようにするといいですね。

Chapter 2　週1回×10分間の安全教育シナリオ　105

台風対策

■そのまま話せる「導入」

台風が近づいてくる前に、みなさんのおうちでは、何か対策をしていますか？　強風による被害や大雨による被害から、生活を守るためにしておいた方がいい対策について考えてみましょう。

■子どもの反応

私の家では、自転車が倒れたり、飛ばされたりしないように、台風が近づいてきたら、先に倒しておくようにしています。

洗濯物を干すためのハンガーや物干しざおを外して、おうちの中に入れているのを見たことがあります。

おうちの人が、台風の影響で、停電になることがあると言っていて、水や非常食、懐中電灯などの確認をしていました。

雨が流れやすくするために排水溝の掃除をしておいた方がいいって、ニュースで見たことがあります。

■そのまま話せる「まとめ」

台風への備えとして、家の外の備え、これは飛ばされたり、雨水が詰まったりしないようにするための対策が必要です。また、家の中の備えも必要ですね。最新の台風情報を集めながら、台風が近づく前にできることはしておくといいですね。

公共の場の台風対策

■そのまま話せる「導入」

台風が近づいてくる前に、学校ではどのような対策をしているか知っていますか？ 台風が通り過ぎた次の日の朝、学校の様子で変わっているところに気づいたことがある人もいるかもしれません。先生たちがしている対策を考えてみましょう。

■子どもの反応

朝顔の植木鉢が、いつもとは違う場所に移動されていました。倒れないように避難させていたんだと思います。

学校に来たときに、先生たちがサッカーゴールやフェンスを戻しているのを見たことがあります。台風で飛ばされないように、先に倒しておいたのを戻してくれていたんだと思います。

外にあった雑巾がけやごみ箱などが教室の中に置かれていました。

帰るときに、戸締りをしっかり確認していました。窓が開いていると、雨や風が入ってきて大変だからだと言っていました。

■そのまま話せる「まとめ」

みんなの家と同じように、公共施設も対策する必要がありますよね。みんなのために誰かがやってくれていることがたくさんあります。そのような視点で周りの様子を見ると感謝の気持ちを感じますよ。

災害安全

23 ゲリラ豪雨から身を守る

1 子どもたちにこれを伝えたい！

　ここ数年，急に激しい雨が降ることが増えてきたように感じます。最近では，激しい雨に関する言葉として線状降水帯という言葉もよく耳にするようになりました。どちらも激しい雨が降るという点では共通していますが，降る時間や範囲に違いがあります。ゲリラ豪雨は狭い範囲で短時間に，線状降水帯は広い範囲で長時間にという違いです。違いを知ることもそうですが，それぞれの危険を予測する力を身に付けておくことは大切でしょう。災害について，まあ大丈夫，なんとかなる，と捉え，自分を安心させる，落ち着かせることがよくあります。ゲリラ豪雨は，様子が急に変化します。変化してからでは遅いので，変化する前に行動する大切さを伝えていきましょう。

2 指導のアドバイス

　気象庁のホームページに「防災教育に使える副教材・副読本ポータル」として，様々な機関が作成している学習コンテンツがまとめられています。大雨に関する情報もあるので，活用してみるといいでしょう。また，天気が急に変わることが増えていますので，日頃から教師が気象情報を積極的に集めるようにするとよいでしょう。各都道府県の防災情報メールリングリストに登録しておくと，最新の情報を入手することができます。また，雨雲レーダーも容易に見ることができるようになりましたので，是非活用してみてください。このようにして入手した最新の情報を子どもに伝えることも，子どもの自然現象に対する危機管理意識を高めることに繋がるでしょう。

108

低学年

視界の悪さがもたらす危険

■そのまま話せる「導入」

「ゲリラ豪雨」という言葉を聞いたことがありますか？ 短時間に一気に激しく雨が降ることです。濡れたくないという気持ちが強すぎると危険な行動もとりやすくなります。その行動がどうして危ないのか考えてみましょう。

■子どもの反応

早く屋根のあるところに行くために，とにかく走っていきます。そのとき，周りのことはほとんど見ていません。

私は靴が濡れるのが嫌なので，下の水たまりをよけながら歩きます。そう言えば，そのとき，前は見ていないと思います。

横断歩道まで行くと遠回りになるので，横断歩道のないところを渡っていくことがあります。運転手も雨の日は見にくいのかなぁ？

傘をさしているし，急いでいるので，周りの様子をほとんど見ていないかもしれません。今思えば，かなり危険なことをしていました。

■そのまま話せる「まとめ」

濡れたくないからとっている行動が，実は危険な行動に繋がっていることに気がつきましたね。いつもと違う天気や状況のときこそ，落ち着いて行動しなければなりませんね。

中学年

冠水，洪水，土砂災害による被害

■そのまま話せる「導入」

急に激しい雨が降ると，道路や川，山など自然環境にも変化が生じます。どのような危険が迫ってくるか，事故に遭わないためにとるべき行動を考えてみましょう。

■子どもの反応

道路に水が溜まって，車が通ったときに水しぶきがかかります。車が，水が溜まっているところをよけてくれたらいいのに。

でも，運転手がその水たまりに気をとられて肝心の人の動きを見ていなかったら，もっと大きな事故になると思います。

川の水かさが急に増えるということを聞いたことがあります。上流から水が流れてくるので，上流の天気を気にする必要があります。

水の色が茶色くなっているのは，山の土が削られて流されているからだそうです。そういうときは土砂災害にも注意が必要です。

■そのまま話せる「まとめ」

それだけの知識があれば，実際にそのような場面に出くわしたら，安全のために，早めに行動することができますよね。でも，出くわす前に，危険が迫っていることに気づくことがもっと大切です。空の様子がいつもと違うときには，身の安全のことも考えましょう。

避難行動をとるための情報

■そのまま話せる「導入」

激しい雨が降り出すと,どうしても急いでしまい,危険に出くわす機会が増えてしまいます。だから,雨が降りそうな状況に前もって気づくことが大切になります。どのようなことから,激しい雨を予測することができるのでしょうか。

■子どもの反応

天気予報を見ておくといいと思います。でも,天気予報はだいたいの予報なので,もうすぐ降るということはわかりません。

雨雲レーダーを見るといいと思います。あれだと何分後の雨雲の場所を知ることができます。

少し離れた空に黒い雲があると,その雲がもうすぐこっちに来て,激しい雨が降ることが予測できます。

その雲の色に加えて,強い風が吹くこともあります。雲の色に強風が加われば,もうすぐ激しい雨が降るしるしだと思います。

■そのまま話せる「まとめ」

ゲリラ豪雨は短時間なので,雨雲レーダーで雨雲の動きを見て,その時間をずらして行動するというのは,安全面からもとても大切です。是非,活用してみてくださいね。

災害安全

24 落雷事故の防止

1 子どもたちにこれを伝えたい！

　学校管理下における落雷による死亡事故がこれまでに発生しています。雷については，注意報はあるものの警報はありません。かといって注意報が出ているときは，外での活動を中止するとなっては，中止ばかりになって活動ができません。とはいえ，注意報が出ているということを認識しておく必要はあります。その上で，活動中も空の様子に注意を向けたり，雷レーダーで落雷情報を調べたりして，最新の情報を得るようにしましょう。雷鳴を聞くことは季節によってはよくあります。聞こえてはいるが，落ちてこない経験をしているから大丈夫なのではなく，落ちるかもしれない，落ちた場合には，命に関わるということを子どもにも伝えておく必要があります。

2 指導のアドバイス

　雷鳴が聞こえた場合の避難行動を学習することは重要です。学校にいる場合だけではなく，放課後や休日など，それぞれの場所をイメージし，どこに避難するのかを考えるとよいでしょう。また，人に言われてから行動するのではなく，自分で判断し，行動する力も必要です。雷鳴の場合，音というわかりやすさと，怖さがあるため，子どもも自分の判断で行動に移しやすいはずです。理科の時間の天気の学習時以外でも，教室にいるとき，体育館にいるときなど，雷鳴が聞こえた際には，少し教科学習を中断して，落雷事故の防止について，考える時間をとってはいかがでしょうか。まさに雷鳴が聞こえているからこそ，子どもは自分事として捉えやすくなりますよ。

低学年

避難行動（学校内）

■そのまま話せる「導入」

学校で生活をしているときに雷が鳴ったらどうしますか？　教室にいるとき，体育館にいるとき，運動場にいるとき，渡り廊下を歩いているとき，いろいろな場面について考えてみましょう。

■子どもの反応

教室にいるときは，特に何もしなくてもいいと思います。でも，休み時間になっても外には行かない方がいいと思います。

水泳の授業中の場合，水は電気を通して，危険だと聞いたことがあります。雷の音が聞こえたらすぐに上がった方がいいと思います。

運動場で遊んでいるときだったら，先生が放送をしてくれるので，それを聞いていればいいと思います。

でも，雷の音が鳴っているのに，放送が流れない場合は遊んでいてもいいのかなぁ？

■そのまま話せる「まとめ」

先生たちも安全のための情報を集めていますが，みなさんも自分の身は自分で守る力をつにるために，進んで情報を集めてくださいね。みなさんの方が先に気づくこともあると思います。その場合には，自分で判断して，安全な行動をとるようにしてくださいね。

中学年

避難行動（学校外）

■そのまま話せる「導入」

放課後や休みの日に友だちやおうちの人とよくいる屋外の場所を思い浮かべてください。公園やグラウンド，駐車場，テーマパークなどがあるでしょうか。そこにいるときに雷が鳴ったらどのような安全行動をとるか考えてみましょう。

■子どもの反応

私はよく公園で遊んでいるので，木の下に隠れます。

木の下は危ないと聞いたことがあります。木の幹や地面を伝って電気が流れてくるからだそうです。

公園やグラウンドなど，外にいるときにはやっぱり急いで建物の中に避難するのがいいと思います。

駐車場にいて，建物よりも自分の車の方が近い場合には，車に避難するといいと思います。

■そのまま話せる「まとめ」

そうですね。近くの建物へ避難するのがいいですね。建物がない場合，木の真下は大変危険と言われています。遠くで雷の音が聞こえたら避難するようにしましょう。大丈夫だろうという考えではなく，落ちるかもしれないと思って行動するようにしましょう。

遊んでいるときや出かけなければならないとき

■そのまま話せる「導入」

家にいるときに外では雷が鳴っています。でも，友だちとの遊びの約束の時間や習い事の始まる時間が近づいてきました。そんなとき，あなたはどのような行動をしますか。

■子どもの反応

遊びたいし，友だちを待たせてはいけないので，まぁ大丈夫だろうと思って，出かけます。

えっ，雷が鳴っているのに危ないと思います。友だちに連絡をして時間をずらすようにします。

でも，連絡がとれなかったらなぁ。友だちがずっと待っているかもしれないし。

習い事は連絡ができるので，連絡をして遅れていくことができます。だから無理に出かけない方がいいと思います。

■そのまま話せる「まとめ」

連絡がつきにくい場合の判断はなかなか難しいですよね。でも，お互いの安全を最優先に考えるということを理解するとよいのではないでしょうか。あとは，約束をする前の状況から，このような場合には，ということも含めて約束できるといいですね。

災害安全

25 地震に備える

1 子どもたちにこれを伝えたい！

　大きな地震が発生する前には，緊急地震速報により，揺れを知らせてくれる場合があります。緊急地震速報が鳴ったら，すぐに揺れに備えなければなりません。緊急地震速報がどのような音なのか聞いたことがない子どももいるので，まずは実際に聞いてみるとよいでしょう。気象庁のホームページやYouTubeなどで公開されています。また，地震発生後も様々な備えが必要になります。大きな地震の場合，一度の揺れで終わることは少ないです。余震への備えも必要になります。水や電気が止まることもあります。それらのことも含め，現実問題としての備えを考える必要があります。

2 指導のアドバイス

　学校等での避難訓練を通して，子どもは机の下に避難するということを学習しています。では，机がない場所ではどこに避難すればよいでしょうか。登下校中，自宅にいるとき，習い事をしているとき。地震はいつ起こるかわからないので，このことは是非考えさせたいです。また，備蓄品を用意している家庭も多いでしょう。本当に必要なものは何なのか，必要な量はどれだけなのかは家庭によって異なります。用意している備蓄品を持ち歩くことはできるのでしょうか。実際に必要だと考える備蓄品を持って，移動し，その重さや移動できるかどうかを体験することも必要でしょう。総合的な学習の時間や特別活動の時間以外にも，算数の重さの学習や社会の自然災害に関する学習としても扱うことができるでしょう。

116

低学年

3つの「ない」対策

■そのまま話せる「導入」

> 地震が起こったとき，机の下に頭を隠して避難しますよね。あれは落ちてくるものから頭を守るためです。他にも揺れることで危険なことがあります。どのようなことに気をつけるとよいでしょうか。

■子どもの反応

> 自分も揺れて，ふらふらすると思います。転倒して怪我をするかもしれないので，姿勢を低くした方がいいと思います。

> 人だけではなくて，本棚や机などが倒れてきてそれに挟まれるかもしれません。

> 下にキャスターが付いているものなどは，揺れてどこかに動いてしまうかもしれないので，ロックをしておいた方がいいと思います。

> 上に電気があったり，取り付けている物があったりすると，落ちてくるかもしれないので，そこからは離れた方がいいと思います。

■そのまま話せる「まとめ」

> 揺れを感じて避難するときには「落ちてこない」「倒れてこない」「動いてこない」場所かどうかを考えて避難するといいですね。机の下に避難するときも，机が揺れて動いてしまうかもしれないので，机の脚をしっかり持って避難するようにしましょう。

備蓄品

■そのまま話せる「導入」

大きな地震の後も，生活は続けなければなりません。でも，電気が止まったり，水が止まったりすることもあります。そのために備蓄品を用意しているおうちもあるでしょう。何を備蓄しておくとよいか考えてみましょう。

■子どもの反応

水はたくさん必要です。飲むため，洗うため，流すためなど，多くの場面で水を使っているからです。

食べ物も必要です。私の家では，そのまま食べられる缶詰をたくさん用意しています。

トイレが困ると聞いたことがあるので，使い捨てトイレを用意しています。でも，数が足りるのか心配です。

新聞紙やアルミホイル，食品用ラップは様々な使い方ができるそうなので，備蓄品に入れていると言っていました。

■そのまま話せる「まとめ」

ローリングストックという言葉を聞いたことがありますか。普段から少し多めに用意し，使った分だけ買い足していくという方法です。今日はおうちで備蓄品について話してみてくださいね。

地震後の行動

■そのまま話せる「導入」

大きな地震が起こった場合、まずはその揺れへの避難行動をとります。しかし、それで終わりではありません。その後も様々な危険が迫ってきます。どのような危険が迫ってくるのか、そしてどのような行動をとる必要があるのか考えましょう。

■子どもの反応

海の近くの場合、津波のことを考えなければなりません。すぐに高いところへ向かって避難しなければならないと思います。

揺れが収まったからといって安心していたら、余震がくるかもしれないので、そのことも考えておく必要があると思います。

余震に備えて、ドアを開けたり、水を溜めたり、備蓄品を取り出したり、避難所へ向かったり、できることがあると思います。

そういうこともあり得るということを前提に、おうちの人と何をしておいたらいいか、話し合っておく必要があると思いました。

■そのまま話せる「まとめ」

電気や水が止まる前にできることがありますからね。余震への備えや津波への備え、地震が起こったときにいる場所によっても変わります。様々な状況での備えをおうちで話しておくとよいですね。

災害安全

26 火災から身を守る

1 子どもたちにこれを伝えたい！

　学校施設における火災発生事案もそれほど多くはありませんが，生起しています。火災の原因は，たばこ，たき火，コンロ，放火，電気機器，火遊びなど多岐にわたります。しかし学校現場での火災発生時の避難訓練を行う際，多くの場合，給食調理室や家庭科室，理科室からの出火を想定した訓練が多いのではないでしょうか。放火や電気機器による出火のことを考えると，どこからでも出火する可能性があること知っておく必要があるでしょう。また，火災は出火場所から遠ざかるように避難しなければならないので，出火場所がどこかによって，避難経路も変わります。また，外に避難することが大切なので，それは必ずしも運動場とはなりません。

2 指導のアドバイス

　これまでの学校施設における火災発生場所を見ると，給食調理室や家庭科室，理科室以外にも，教室や教材庫，倉庫，廊下，サッカーゴールのネットなど様々な箇所が出火場所になっていることがわかります。出火場所と避難経路を咄嗟に判断できるような学習ができるとよいですね。また，学校の隣の建物や近くの建物で火災が発生した場合も避難しなければならないケースがでてくるでしょう。運動場に避難したものの，その後，風向きによっては煙が流れてくるかもしれませんし，燃えている様子をそのまま眺める訳にもいかないでしょう。そう考えると別の場所へ，さらに避難することも考えなければなりません。まずは教師がこのような想定をすることが必要ですね。

低学年

避難行動

■そのまま話せる「導入」

学校のどこかで何かが燃えている場面を発見したときにはすぐに先生に教えてくださいね。そして，みなさんは火事から逃げなければなりません。どのようなことに気をつけて逃げるといいでしょうか。

■子どもの反応

煙を吸うといけないので，すぐに運動場に逃げなければなりません。

え，でも，運動場よりも玄関から外に出た方がすぐに外に出られる場合はどうすればいいのだろう。

煙を吸わない，火から遠ざかることが大切なので，どこからでもいいから，とにかく早く外に出ることを考えて行動するといいと思います。

煙を吸わないように，姿勢を低くして移動することも大切だと思います。

■そのまま話せる「まとめ」

みなさんは外に出るための場所をどれだけ知っていますか？ 学校内の建物のつくりを理解しておくことは，このようなときに役に立つんですね。学校探検をするのには，実はこのようなねらいもあるんですよ。燃えている場面を発見したらすぐに教えてくださいね。

119番通報

■そのまま話せる「導入」

学校で火災を発見したら，すぐに先生に伝えてください。でも，外や家で何かが燃えているのを発見した場合はどうしますか。そうです，119番通報しますよね。119番通報で大切にした方がよいことにはどのようなことがあるでしょうか。

■子どもの反応

火事を発見して，電話をしているので，パニックになっているかもしれません。落ち着いて話をしなければなりません。

でも，実際には落ち着いて電話をする自信がありません。電話をかけるのも躊躇ってしまうと思います。

一人だと不安だけど，友だちがいたり，近くに人がいたりすると少しは落ち着いて話せると思うので，人を探すようにします。

住所は電柱や家の前に貼っていることがあるので，それを探して伝えようと思います。

■そのまま話せる「まとめ」

焦っているかもしれませんが，丁寧に，そして正確に話すことを考えるとよいですね。電話ができない場合は，近くの人に声をかけたり，コンビニなどのお店の人に伝えたりするとよいですね。

出火場所と避難経路

■そのまま話せる「導入」

学校施設内での火災は、教材庫や倉庫など様々なところで起こっています。学校の隣の建物や近くで火災が発生することもあります。隣の建物で火災が発生した場合、みなさんならどうしますか？

■子どもの反応

学校ではないので、避難しなくても大丈夫だと思います。

いや、風によっては学校の方に火が迫ってきて、学校に火が燃え移るかもしれません。そうなることも考えて、避難しておいた方がいいと思います。

風は煙も運ぶので、やっぱり避難はした方がいいと思います。煙を運ぶことを考えると、運動場で待機していてはいけないと思います。

確かにそう思います。運動場にいると煙を吸うかもしれないし、運動場で建物が燃えているのを見ているのも危険だと思います。

■そのまま話せる「まとめ」

火災の避難訓練では運動場に出て終わることが多いですよね。でも、本当だったら、と考えるとその後、どこに避難するとよいのでしょうか。そのように、本当に起こったらと考えることは、自分の身を守る上でとても重要ですので、他の場面でも活用してくださいね。

災害安全

27 過去の震災から学ぶ

1 子どもたちにこれを伝えたい！

　日本はよく地震が発生する国です。気象庁の地震発生情報を見ると，かなりの回数発生していることがわかります。直接揺れを感じる自分が住んでいる地域での地震については，子どもも自分事として捉えやすいです。ですから，その地域で起こった過去の震災を学習することは，身近なことなので考えやすく，減災について考える上で大切です。しかし，進学や就職，転勤などで今住んでいる地を離れ，様々な地域で生活をする人が多いのではないでしょうか。そう考えると，例えば今は津波の心配をしなくてもよい地域に住んでいるかもしれませんが，将来的には津波に関する知識や避難行動を身に付けておく必要はあるということも伝えていきたいです。

2 指導のアドバイス

　それぞれの地域の近くで起こった過去の災害を取り上げると身近なこととして捉えやすくなります。その地震発生日の前後に避難訓練を実施している学校も多いのではないでしょうか。避難後の生活がどのような生活になるのか，何に困り，何が必要になるのかを知っておくことは日頃の備えに繋がります。また，学年が上がるにつれ，自分のことだけではなく，周りの人のためにできることという共助の視点を持って考えることも必要になってきます。周りの人たちが求めていることを知ることは大切ですが，それら全てをできるわけではありません。自分にはできないこともちろんあります。自分にできることは何なのか，正直な自分と向き合わせたいですね。

生活に必要なもの

■そのまま話せる「導入」

大きな地震がきた後も，生活は続きます。普段は使えるのに，地震で使えなくなって困るものにはどのようなものがあるでしょうか。

■子どもの反応

水が使えなくなると聞いたことがあります。水が使えないと手洗いや歯磨きができなくなって，汚くなってしまいます。

他にも料理や洗濯，洗い物もできなくなります。

トイレの水も流せないし，お風呂も入れなくなります。水が使えないとかなり大変だと思います。

私が生まれる前ですが，大きな地震の後，停電になって電気が使えなくて困ったという話を聞いたことがあります。

お店とかはやっているのかなぁ？

■そのまま話せる「まとめ」

普段は当たり前のように使っている電気や水，ガス，お店なども使えなくなってしまうかもしれません。そう考えると普段の生活は便利ですよね。地震がきたときに備えて，非常用に水や食べ物を用意しているおうちもあるのではないですか。

Chapter 2　週1回×10分間の安全教育シナリオ　125

中学年

避難所で困ること

■そのまま話せる「導入」

避難所を避難場所に選ぶ人もいます。ニュースでもよくやっていますが，避難所での生活にはたくさんの困りごとがありますが，みんなで協力をして生活をしています。どのような困りごとがあるか考えてみましょう。

■子どもの反応

壁やドアがなくて，ずっと誰かと一緒にいる感じがして疲れると思います。

壁がないから，着替えも困ると思います。声や音も響いてしまうので，周りの音が気になると思います。

トイレが足りなかったり，汚くなったりして大変だというニュースを見たことがあります。

電気を自由に使えなかったり，遊ぶ場所がなかったり大変そうです。

■そのまま話せる「まとめ」

避難するというのは，何も避難所へ行かなければならないということではありません。自宅が安全であれば，自宅で避難した方がよいとも言われています。人が多く集まれば，相手のことを考えて，譲り合って生活しなければなりませんからね。

避難所でできること

■そのまま話せる「導入」

避難所は避難所で生活をしている人たちで運営をしています。自分がそこで生活をするとなると，運営に協力しなければなりません。また，自宅で避難をしていても協力できることがあるはずです。自分にできることは何ですか。

■子どもの反応

荷物を運んだり，掃除をしたりはできると思います。

みんなを元気づけるために新聞を作って，掲示しているというニュースを見たことがあります。それならできそうです。

小さな子どもと話したり，遊んだり，簡単なお世話をしたり，ミニ保育所のようなことはできると思います。

今は何ができるかわからないので，大人の人にできること，必要なことを聞いて協力したいと思います。

■そのまま話せる「まとめ」

周りの人たちと協力して助け合うことを「共助」と言います。自分自身の安全が確保できたら，周りの人のためにできることに協力しようと思える人になってほしいと思います。もちろんできないこともあるので，無理せずできることから少しずつ協力しましょう。

現代的諸課題

28 性に関する指導

1 子どもたちにこれを伝えたい！

　まずは，自分の体は自分にしかない特別で大切なものであるということを認識させることが大切です。普段の生活の中では，お互いに触れ合いながら関わることも多いでしょう。しかし，それは相手の大切な体に触れているということを子どもが自覚しなければなりません。そして，体に触れられることで，実は嫌な思いをしている可能性があることも伝えなければなりません。また，相手は親しみを持って接触してきていることから，「やめて」や「嫌」と言いにくい状況でもあります。人との距離感やパーソナルスペースは人によって異なっているので，自分はよくても相手は嫌な思いをしていることがあることを伝えましょう。

2 指導のアドバイス

　人の体は特別であるということを教師も意識しておくことが重要です。それを前提に子ども同士の関わりを見ると，相手の体を結構乱暴に扱っていることに気づきます。普段の子どもへの声かけや関わり方も変わってくるでしょう。文部科学省は，「生命（いのち）の安全教育」の教材と指導の手引きを作成し，ホームページで公開していますので，参考にするとよいでしょう。また，心と体の発達は保健の授業で扱うことになっていますが，低学年のうちからプライベートゾーンについては扱うべきでしょう。幼児期に学んでいる子どももいるでしょう。養護教諭の先生と連携しながら，授業を進められるとより効果的な学習になるのではないでしょうか。

プライベートゾーン

■そのまま話せる「導入」

みなさんの体は自分にしかない大切な体です。みなさんの体にはどのような部分があるでしょうか。そして，特に大切だと思う部分はどこで，どうしてですか，考えてみましょう。

■子どもの反応

手や足があります。移動したり，物を持ったりする部分なので大切です。

頭は大切だと思います。地震のときでも机の下に隠れて頭を守ろうとするからです。

下着で隠している部分に，いつも隠している部分なので大切なんだと思います。

目や耳や鼻も大切だと思います。見たり，聞いたり，匂ったりすることができないと，とても不便だと思うからです。

■そのまま話せる「まとめ」

どこも大切ですね。人に見せたり，触らせたりしてはいけない部分があります。プライベートゾーンと言って，特別な部分です。水着で隠れている部分というとわかりやすいでしょう。人のプライベートゾーンは特別な部分です。見ない，触らないようにしましょうね。

中学年

接触遊びによる被害

■そのまま話せる「導入」

友だち同士で手をつないだり，肩を組んだりしている場面を目にします。実は相手は我慢をしているかもしれませんよ。嫌な接触のされ方，触られて嫌な部分ってどこでしょうか。

■子どもの反応

私は頭を叩かれたり，腕を引っ張られたりするのは，仲が良い友だちにもされると嫌な気持ちになります。

友だちのプライベートゾーンを触って遊んでいる人がいますが，嫌なのに，嫌と言えない人もいると思うので，やめた方がいいと思います。

肩を組むと，何だか捕まえられているような気がします。でも，嫌がると，相手が嫌な気持ちになるかもしれないと思って，「やめて」と言いにくいです。

私は，言葉では言わずに，黙って離れるようにしています。

■そのまま話せる「まとめ」

自分は大丈夫だからという感覚で友だちに接触すると，実は嫌な思いをしていることってあるんですよね。相手の体に接触するときには，慎重に行動するようにしましょう。

パーソナルスペース

■そのまま話せる「導入」

人と話すときはある程度の距離をとって話します。その距離は人によって異なりますよね。仲の良い友だちの場合と知らない異性の場合とでは，その距離感はどのように変わるか考えてみましょう。

■子どもの反応

仲の良い友だちの場合，肩が触れ合っても大丈夫なくらい近いところで話します。

私は仲が良い友だちでも触れて話すのには少し抵抗があります。

知らない異性の場合，2mくらいは間が空いていないと怖いです。2mくらいあれば，急には捕まらないと思うので，それくらいは距離をとっておいた方がいいと思うからです。

知らない人の場合，同性でもやっぱり2mくらいは距離をとっておかないとなんか不安です。

■そのまま話せる「まとめ」

人が周囲の人との間に保持したいと思う空間のことを「パーソナルスペース」といいます。このスペースの感じ方は人によって違います。また，相手によっても変わってきます。自分の身を守るためのスペースという視点を持っておくとよいですね。

現代的諸課題

29 食物アレルギーについて

1 子どもたちにこれを伝えたい！

　食物アレルギーという言葉をよく耳にするようになりました。アレルギーを持っていない子どもにも広く認知されていることでしょう。言葉を知り，口にしてはいけない食べ物がある，ということはわかっていても，アレルギーを持っていない子どもが，何に気をつけなければならないのか，までは，考えたことがない子どもが多いのではないでしょうか。大事には至っていないものも含め，学校管理下においても多くのアレルギー発症事案が生じています。食物アレルギーを発症させないために自分ができることは何なのか，万が一アレルギー症状が発症した場合にとるべき行動は何なのか，考えさせたい内容ですね。

2 指導のアドバイス

　養護教諭や栄養教諭の先生と連携しながら，保健の授業のみならず，健康診断や給食時間を活用した学習を展開することができます。給食時間は実際に食べ物を前にしているので，子どももイメージしやすいでしょう。アレルギー症状が発症した場合にとるべき行動を考える際には，避難訓練のように実際に動きながら学習を進めることで，具体的に考えることができ，万が一のときの備えにもなります。その前に，教師が緊急時対応訓練として実施していることが望ましいですね。食物アレルギーを含む，学校保健に関する情報を集約している「学校保健ポータルサイト」があります。このサイトから様々な情報を得られますので，参考にすることができるでしょう。

食物アレルギーとは

■そのまま話せる「導入」

食物アレルギーという言葉を聞いたことはありますか？ 食物アレルギーについて知っていることを出し合って，共有しましょう。そして，何に気をつけなければならないかを考えましょう。

■子どもの反応

食べてはいけないものがあることだと思います。間違って食べるととても危険だと聞いたことがあります。

私の親は，マンゴーを食べたらかゆくなると言っていました。もともとは何ともなかったのに，あるときから急にそうなったと言っていました。

牛乳は飲むだけではなくて，触ってもいけない人もいると聞いたことがあります。

触ってもいけないのだったら，こぼしたときとかにも注意をしなければならないということですか？

■そのまま話せる「まとめ」

アレルギーは，急に出たり，年齢とともにアレルギーではなくなったりします。また，口にする以外にも，アレルギー症状が発症する場合もあるようですね。まずは正しい知識を知ることが大切ですね。

Chapter 2　週1回×10分間の安全教育シナリオ　133

友だちとの関わり方

■そのまま話せる「導入」

自分に食物アレルギーがなくても，気をつけなければならないことがあります。それはどんなことでしょうか。給食，遠足，放課後友だちと遊んでいるときなどの場面で考えてみましょう。

■子どもの反応

食物アレルギーのある子が，間違って食べないか一緒に気をつけることができます。代替食を食べているか確認します。

遠足のときには，お弁当やおやつの交換などはしてはいけないと思います。アレルギーの成分が入っているかもしれないからです。

あまり一緒に遊んだことがない友だちにおやつをあげるときには，アレルギーがないかどうかを聞いてからあげるようにします。もしある場合には，あげない方がいいと思います。

誰にアレルギーがあるかを知っておくと，気をつけることができます。それを知ることが大切だと思いました。

■そのまま話せる「まとめ」

アレルギーがあるかどうかを知ることはとても大切です。また，あるかどうかわからない相手にも，一緒に何かを食べるときには，アレルギーがあるかどうかを確認した方がよいですね。

食物アレルギー症状が発症したら

■そのまま話せる「導入」

食物アレルギー症状には，皮膚が赤くなったり，かゆくなったり，嘔吐，腹痛などがあります。一気に悪化し，呼吸困難や意識障害に繋がる恐れがあります。それらの症状に気がつくことができますか？ 気がついた場合には，どうしますか？

■子どもの反応

やっぱりまずは，その症状が出ている人がアレルギーのある人かどうかを知ることが大切だと思います。

アレルギーのある人だったら，食物アレルギーのことを考えて，すぐに近くの先生に言いに行った方がいいと思います。

先生に言いに行く人と，その子のそばにいる人と分担をするといいと思います。そばにいて，様子を見ておいた方がいいと思います。

エピペンを持っているかもしれないので，そのことも考えておいた方がいいと思います。

■そのまま話せる「まとめ」

アレルギーがあるのかどうか，いつもとの様子の違い，何か口にした後かどうかなどが判断材料になりますね。口にした後に運動をすることで症状が出ることもあるんですよ。

現代的諸課題

30 インターネットの利用

1 子どもたちにこれを伝えたい！

１人１台端末が配置され，各教科等の学習活動でインターネットを使用することが当たり前となりました。家庭生活でもインターネットは欠かせない存在です。普段の生活や学校で利用していると，便利な点が当たり前のように活かされていますが，それだけではなく，危険と隣り合わせであることを子どもも理解しなければなりません。インターネットに関して，子どもが学んでおいた方がいい内容というのは，科学技術の進歩に伴い，年々増加しています。教師がそれらの内容を把握し，活用しながら，子どもの実態に応じた学習内容を精選して取り上げる必要があるでしょう。便利な反面，危険が伴うこと，どのような点に気をつけるべきかを伝えていきましょう。

2 指導のアドバイス

取り上げるべき内容は本当に多岐にわたっています。各校の児童の実態に応じて，系統的・体系的に取り組みを進めていく必要があるでしょう。端末の利用は各教科等で行うことから，使用するタイミングに合わせて，指導することが，学習時間の確保という点からも無理なく行えるでしょう。文部科学省が作成している「情報モラル教育ポータルサイト」には，様々な教材が公開されています。また，カリキュラム・マネジメントに関する資料も文部科学省を始め各自治体が公表しています。情報はどんどん更新されていきますので，既に作成済みの校内のカリキュラムも定期的に見直し，取り組みを更新していかなければならないでしょう。

パスワード管理

■そのまま話せる「導入」

端末の電源を入れると初めに ID とパスワードの入力を求められますよね。どうしてかわかりますか？ また，端末使用中にも ID やパスワードが求められることがあります。どうしてでしょうか。

■子どもの反応

その人しか使えないようにするためだと思います。

もし誰でも自由に使えると，みんなのつくったものを勝手に見られたり，つくり変えられたりしてしまって困ります。だからパスワードとかを入れなければならないのだと思います。

人の ID とパスワードを勝手に使って，悪いことをしたというニュースを見たことがあります。どうして ID とパスワードがわかったのかなぁ？

自分の ID とパスワードは絶対に人には教えません。

■そのまま話せる「まとめ」

みなさんは家に入るときは鍵をあけ，家から出るとき鍵をかけますよね。それと同じです。家の鍵を他の人に貸しますか？ ID やパスワードを教えるというのは，家の鍵を貸しているのと同じことです。誰にも貸したり，教えたりしないようにしましょうね。

中学年

情報の取り扱い

■そのまま話せる「導入」

インターネットを利用すると莫大な量の情報を得ることができます。それらの情報全てを信じてもよいのでしょうか。インターネットで得られる情報を扱うときに気をつけなければならないことを考えてみましょう。

■子どもの反応

何かを調べたとき，新しい情報も古い情報も混ざって出てきます。いつの情報かを確かめて読まなければならないと思います。

誰でもホームページを作ったり，情報を発信したりすることができるので，嘘の情報を発信することができます。

情報が正しいのか，間違っているのかを判断するために，いろいろなページを見て，自分で正しいかどうかを考えなければなりません。

動画や写真も本物ではなくて，加工したものがあると聞きました。

■そのまま話せる「まとめ」

「フェイクニュース」という言葉を聞いたことがありますか。嘘の情報を流して，本当の情報のように思い込ませることです。様々な情報が流れてくる社会を変えることは困難ですが，正しいかどうかを読み取ることは可能です。是非その力をつけていきましょう。

生成 AI

■そのまま話せる「導入」

生成 AI という言葉を耳にするようになりました。コンピューターが考えて，文章を作ってくれたり，アイデアを出してくれたり，絵を描いてくれたりする便利なものですが，使用時には注意が必要です。どのような注意が必要でしょうか。

■子どもの反応

機械が作ってくれるのは便利ですが，本当に大丈夫なのか心配です。

私も心配です。人が考えて作っていないので，間違えていないかや，おかしな文になっていないかなど確かめる必要があると思います。

でも，いろいろなアイデアを出してくれるので便利だと思います。

私は使ったことがないので，今一つイメージがわきません。何を作ってくれるのか，どのようなものが出来上がるのか，一度試してみて考えてみたいと思います。

■そのまま話せる「まとめ」

インターネットから得られる情報は，正しいかどうか自分で判断しなければなりませんでした。生成 AI は，文章を作ってくれたり，アイデアを出してくれたりしますが，これまでと同じで，それらの情報をどのように活用するかは自分の正しい判断が必要になります。

現代的諸課題

31 SNSの使い方

1 子どもたちにこれを伝えたい！

　インターネットの利用目的としては，情報収集の他に情報交換や情報発信もあります。自分の考えを友だちに伝える活動はこれまでも授業の中でも行っていましたが，インターネットを利用することで，顔を合わせずに情報を伝えることができるようになり，複数の人に自分のタイミングで伝えることが可能となりました。一方で，顔を合わせずに伝えることから，相手の様子や雰囲気は伝わらず，文字情報のみが伝わることで，誤解を招くこともあります。会話で伝わる情報と文字のみで伝わる情報には，伝わり方に違いがあることは知っておくべきでしょう。また，インターネットを利用し，伝え，発信した情報は，全てを消すことができないため，責任を持った発言をすることも伝えなければなりません。

2 指導のアドバイス

　小学校高学年になると約6割の子どもが，中学生では9割以上の子どもがSNSを利用しているという調査結果があります（執筆時点）。子どもにとってSNSは利用して当たり前のものとなっています。情報収集による利用と情報発信による利用とでは，意識レベルを変えなければなりません。とはいっても，子どもは授業を通して，メッセージやコメントの交流を行っています。自分の文字情報が相手にどのように伝わるのか，という視点を持っているかどうかが大切です。各教科等で，他者へコメントをする活動時に，文字情報の伝わり方，受け止め方について，考える機会を持つとよいでしょう。

メッセージの書き方

■そのまま話せる「導入」

授業で友だちにコメントやメッセージを書き，意見交換をすることがありますよね。会話と違って文字だけが伝わります。話して伝えるのと，文字だけで伝えるのとどちらがよいと思いますか？

■子どもの反応

話して伝える方がいいと思います。文字だけで伝えるのは，書いたり，入力したりするのに時間がかかるからです。

私は，紙にメッセージを書いて伝えるのが好きです。いろいろな人に，一気に伝えることができるからです。

私は，話して伝える方がいいです。手を使ったり，笑ったりしながら話せるので，その方が思っていることが伝わりやすいと思うからです。

口で言いにくいことでも，文字でなら伝えられます。でも，文字だけでは伝わりにくいこともあると思います。

■そのまま話せる「まとめ」

どちらも良い点と悪い点がありそうですね。話して伝えるときには，表情やジェスチャーなどからも伝えられます。時と場合によって，使い分けられるようになるとよいですね。

中学年

文字情報発信のリスク

■そのまま話せる「導入」

文字だけの情報は，相手に伝わりにくく，誤解を招くこともあります。例えば，「何で来るの？」「もういいよ」「友だちじゃない」。みなさんは，これらの言葉をどのように受け止めますか。

■子どもの反応

「何で来るの？」は自転車で，とか歩いて，とか来る方法を聞いていると思いました。

私は，行ったらいけない，来ないでという意味の「何で来るの？」かと思いました。

「もういいよ」は，許してくれているのか，突き放されているのか，文字だけではわかりにくいです。

友だちだからね，と言ってくれているのか，友だちではない，と言っているのか，逆の意味に捉えることができると思います。

■そのまま話せる「まとめ」

相手を前にして言葉で伝えると，相手の表情や声のトーンから意図することが伝わりやすいですが，文字だけではそうはいきません。誤解を招くことがあるとわかった上で，文字だけで伝えるときには，慎重に，読み返して送る必要がありそうですね。

情報発信のメリットとデメリット

■そのまま話せる「導入」

SNSを利用する人はどうして利用するのでしょうか。今日は情報を発信する立場から，SNS利用のメリットとデメリットについて考えてみましょう。

■子どもの反応

一度にたくさんの人に情報を伝えられるから便利だと思います。言葉だけではなくて，画像や動画も共有できるのが良いところです。

でも，間違えて送ってしまっても，誰かが他の人に送っているかもしれないので，一度送った情報は消すことができません。

文字だけの情報なので，使う言葉によって，誤解を招いてしまうこともあると思います。

写真に位置情報が含まれていたり，動画からどこに住んでいるかがわかったりして危険だというニュースを見たことがあります。

■そのまま話せる「まとめ」

発信することには，大きなリスクを伴うということですね。これからの行動を発信するのも，不特定多数の人に，自分の行き先を伝えることになるので危険だということも聞いたことがあります。安全に利用するための知識をしっかり学ばなければなりませんね。

現代的諸課題

32 お金の扱い方

1 子どもたちにこれを伝えたい！

　金銭感覚は家庭によって異なります。その家庭で育っている子どもは，それぞれの価値観を持つようになります。しかし，自分の価値観が誰にでも当てはまるわけではありません。低学年ではお金を使う場面は少ないかもしれませんが，普段使っている物もお金と同じだと考えることで，イメージしやすくなります。是非，自分が普段使っている物は自分のために用意してくれているということを知ってほしいですね。また，お金の価値についても，子どもの頃にしっかり考えてほしい内容です。大人は当たり前のように使っていますが，それは当たり前ではないということを学ぶ機会，聞く機会がなければ，子どもは知ることがありませんからね。

2 指導のアドバイス

　子どもが普段使っている物を取り上げるといつでも指導することができます。落とし物を取り上げて学習することもできるでしょう。また，お金の価値については，算数の学習でも触れることができるでしょう。家庭科の時間には教科書の内容に沿って扱うことができます。子どもの金銭トラブルやキャッシュレスによるトラブルなど，ニュースで報道されることもありますので，それらの機会に学習することもできるでしょう。金融教育に関する情報は，金融庁のホームページにも公開されていますし，銀行が情報提供しているものもあります。実際に活用するのは家庭生活が中心になりますが，学校でも身近なものをテーマに取り上げて学習を進めるとよいでしょう。

物の交換やあげる，貰う

■そのまま話せる「導入」

鉛筆や筆箱など，学習で使うものもそうですが，みなさんが使うものは，おうちの人が買ってくれているものが多いと思います。もし，いらなくなった場合，友だちに勝手にあげてもよいものでしょうか。

■子どもの反応

自分が使わないのだったら，別にあげてもいいと思います。その友だちが大切に使ってくれると思います。

おうちの人は，自分のために買ってくれているんだから，あげるのはよくないと思います。

やっぱりだめだと思います。人から物をもらったり，あげたりしてはいけないとおうちの人に言われています。

あげたり，もらったりするのではなくて，交換するというのはどうでしょうか。私は交換ならしてもいいと思います。

■そのまま話せる「まとめ」

みなさんが使っているものはおうちの人がお金を使って買っているものです。いわばお金と同じと考えることができます。お金は友だちにあげませんよね。だから物をあげたり，もらったり，交換するのもよくないですね。困ったときはおうちの人に相談しましょうね。

お金の価値

■そのまま話せる「導入」

自分のお金で何か買い物をしたことはありますか？ お金はお小遣いやお駄賃，お年玉などでもらったのかな？ みなさんは欲しいものがあった場合，何でも買いますか？ 考えますか？

■子どもの反応

私は何でも買ってしまいます。そのときの欲しい気持ちが強くて，買える金額だったら買ってしまいます。

私は，高かったら自分のお金を使わずにおうちの人に頼みます。すると，大体の場合，高いのでだめと言われて諦めます。

値段がいくらするのかを見て，考えます。安い場合は買いますが，高いなぁと思う場合は，じっくり考えるようにしています。

安くても，他のものも見て考えるようにしています。買った後に，こっちの方が欲しかったとなると自分が困るからです。

■そのまま話せる「まとめ」

物を買うときにはお金が必要です。そのお金はいくらでもあるわけではないので，本当に必要かどうかを考えて買わなければなりませんね。買ったものの全然使わないなんてことは勿体ないですよね。値段や買った後の活用具合を考える必要がありますね。

キャッシュレス決済の利用

■そのまま話せる「導入」

みなさんは買い物をするときに現金を払わずに買い物をしたことがありますか？ ICカードやスマホ決済，クレジットカードなどでできます。それらを使うときに気をつけるべきことは何でしょうか。

■子どもの反応

お金以外のものでもお金と同じ使い方ができるので，失くさないように気をつけなければならないと思います。

現金を払っていないので，何か買った感じがしないと思います。どれだけお金を使っているかしっかり確認しないと使いすぎたりすると思います。

現金しか使えない場合があるかもしれないので，現金も持ち歩くようにしておいた方がいいと思います。

停電のときとか，お店によっては現金しか使えないと聞いたことがあります。

■そのまま話せる「まとめ」

便利な反面，利用しなければ必要のない心配や危機管理もしなければならなくなります。どのようなことが起こりうるのかを知っておくことが大切ですね。

現代的諸課題

33 著作権

1 子どもたちにこれを伝えたい！

　インターネットが普及する前から，著作権の問題は存在していました。しかし，インターネットの利用が身近になり，情報収集や情報交換，情報発信等が容易にできるようになることで，著作権の問題をより自分にも関係のある問題として捉えなければならなくなりました。個人情報という言葉は，子どもにも広く知れ渡るようになりましたが，著作権については，まだまだ理解していない子どもが多いように思います。まずは，自分で考えたり，工夫したりして創った文章や作品，音楽，写真などには，それらが創られた時点で，自分に著作権が発生することを理解させましょう。そして，それらは著作物として守られることも合わせて伝えていきましょう。

2 指導のアドバイス

　各教科等の時間に子どもが何かを創る活動はたくさんあります。国語の作文，図工の作品，音楽の作詞，作曲などがそうです。それらの活動時に短時間で触れることができるはずです。短時間でもそれらの活動時に学年に応じた学習内容を扱うことで，著作権に関する正しい知識を身に付けられるはずです。言葉だけで伝えるのではなく，動画を活用することもできます。文化庁や「公益社団法人著作権情報センター」は，子どもが著作権について学習するためのコンテンツ等をホームページで紹介しています。短時間で利用できるものもあるので，参考になると思いますよ。

低学年

作品は自分のもの

■そのまま話せる「導入」

授業で作文を書いたり，図工で作品を創ったりしますよね。休み時間にも絵を描いたり，何かを創ったりしますよね。授業中の作品を真似されるとどんな気持ちになりますか？ 休み時間に創った作品を真似されるとどんな気持ちになりますか？ 違いはありますか？

■子どもの反応

休み時間は一緒に遊んでいるので，真似をされても何ともないです。

授業中は，自分で考えて先生に出すものなので，真似をされると嫌な気持ちになります。

私が考えた絵を，友だちが真似をして描いて，みんなから褒められていました。休み時間でしたが，嫌でした。

創った人が，嫌な気持ちになるかもしれないので，真似をしてもいいかどうか，聞いてから創るといいと思います。

■そのまま話せる「まとめ」

休み時間でも授業中でも，創った人の気持ちを考えることが大切のようですね。その作品を創るのに，どれだけ考え，工夫をし，努力したのかはわかりません。いいな，と思ったときには，本人に聞くことと，教えてもらったことを隠さずに伝えるようにしましょうね。

 中学年

真似することは

■そのまま話せる「導入」

みなさんは著作権という言葉を聞いたことがありますか？ 人が創ったものが守られるためのものです。では人の作品の真似をすることはよいのでしょうか，いけないのでしょうか，考えてみましょう。

■子どもの反応

人の良いところは真似をしてもいいと先生が言っていたので，いいと思います。

でも，私は，自分の絵や作文をそのまま真似されるのは嫌です。自分で考えて，頑張って創った作品だからです。

確かに私もそう思います。でも，相談したり，教えてもらったりするのはいいと思います。作品を真似するのではなく，やり方や考え方，アイデアなどを真似することはよいと思います。

創った人が，真似をされるのがいいのか，嫌なのかが大切だと思うので，本人に聞かなければならないと思います。

■そのまま話せる「まとめ」

著作権は創った人に発生します。その人が真似をされてもよいと思うのか，嫌なのかはとても大切です。作品を真似するのではなく，アイデアや考え方を真似するというのはよい考え方ですね。

資料作成時の注意点

■そのまま話せる「導入」

インターネットからイラストや情報をコピーして使用することがありますよね。誰かが創ったものを使用するときには注意が必要なのを知っていますか？ どんな注意が必要なのか，考えてみましょう。

■子どもの反応

著作権に気をつけなければなりません。勝手に使ってはいけないと聞いたことがあります。

人の描いたイラストなどを勝手にコピーして使うと，自分が創ったイラストのように他の人には見えます。これっていいのかなぁ？

私はだめだと思います。やっぱり創った人の物なので，勝手に使ってはいけないと思います。その人に許可を得るといいと思います。

許可を得て使っていても，見た人は，そのことがわからないので，どこからコピーしてきたのかを書かなければならないと聞いたことがあります。

■そのまま話せる「まとめ」

そうです，引用と言います。人が創った物を使用するときには，誰が創ったものなのか，どこから持ってきたものなのかをきちんと示さなければなりませんね。

現代的諸課題

34 危険生物

1 子どもたちにこれを伝えたい！

　虫や植物，動物などの生き物から子どもが被害に遭う事案が報告されています。人は他の生き物と共存しているため，どうしても起こりうることですが，防げるものは防ぐべきです。地域によって，生息している生き物が異なるため，優先的に知るべき危険性は異なります。軽傷で済むものから命に関わるものまで被害の状況も多岐にわたります。危険を回避するための知識が必要ですし，危険が予測される場合，近づかないことが重要になります。具体的にそれがどういう場合なのかを，教師はもちろんのこと，子ども自身も知っておくことが大切です。生き物による被害なので，季節が大きく関与していることを子ども自身が意識できるようになるとよいですね。

2 指導のアドバイス

　校舎や住んでいる地域の立地や環境から，どのような生き物が生息しているかを知る必要があります。校内では，チャドクガやハチなどが考えられるでしょう。登下校中は，サルやイノシシ，クマと遭遇する可能性がある地域もあるでしょう。校外での活動では，海辺の危険生物や危険植物のことも考えなければならないでしょう。危険が予測される生き物の活動時期は，春先や夏前など，重なっていることも多いので，一度の学習で複数の生き物を扱うことも可能です。生活科や理科の学習と関連させながら進めるとよいでしょう。危険生物には，近づかないことが一番です。何が危険なのかを知り，その危険に近づかないようにするための方法を考えるとよいでしょう。

152

校内での危険

■そのまま話せる「導入」

安全に学校生活を送るために様々な場面で注意が必要です。人以外の生き物にも注意をしないと痛い思いをすることがあります。校内で注意が必要な生き物に何ですか？　どんな注意が必要ですか？

■子どもの反応

毛虫に刺されたという話を聞いたことがあります。その人は体がかゆくなったり，痛くなったりしたと言っていたそうです。

それはチャドクガの幼虫のことだと思います。運動場の木にいると思います。先生が近づけないようにしてくれていました。

ハチが飛んでいるのもたまに見かけます。刺されると嫌なので，見たら近づかないようにします。

教室にも入ってきたことがあるので，学校の中にも結構いると思います。

■そのまま話せる「まとめ」

学校にある木の上にカラスが巣をつくることもあります。カラスは巣に卵やヒナがいる4月から7月頃が危険です。子どもを守るために威嚇をしてきます。他の生き物でも危ないなと気づけることがまずは大切で，気づいたら近づかないようにするとよいですね。

校外での危険

■そのまま話せる「導入」

学校外で生活をしているときにも，様々な生き物と接近することがあります。海や山にはどのような危険な生き物が生息しているか知っていますか？　危険な生き物について，共有してみましょう。

■子どもの反応

海にはクラゲがいます。クラゲに刺されるととても痛いと聞いたことがあります。

山に漆という木があって，その木に触るとかぶれるそうです。かゆくなったり，赤く腫れたりするそうです。

山ならヘビもいると思います。スズメバチはとても危険で，刺されて亡くなったというニュースを見たことがあります。

何という植物かは忘れましたが，植物を食べて亡くなったというニュースを見たことがあります。

■そのまま話せる「まとめ」

自分が住んでいる地域やこれから行く場所にはどんな危険が潜んでいるかを知ることが大切ですね。また，お店で売っているもの以外は口にしないようにするとよいでしょう。自然から得ているものも多いので，うまく付き合っていけるとよいですね。

野生動物(サル,クマ,イノシシなど)

■そのまま話せる「導入」

山にいる動物が,みなさんが住んでいる地域まで下りてきているというニュースをよく目にするようになりました。食べ物を求めているのでしょうか。そのような動物と遭遇したらどうしますか?

■子どもの反応

サルが出ていると聞いたことがあります。その場合,落ち着いて離れるといいそうですが,実際にはできるかわかりません。

地震のときもそうですが,急に危険が迫ると固まってしまうと思います。でも,逃げないととも思います。

クマが出たというニュースを見ました。クマと出会うとかなり危険だと思うので,そもそも出会わないように行動します。

近くの建物に入るといいのかなと思います。建物が守ってくれるし,見えなくなるので,いいと思います。

■そのまま話せる「まとめ」

急なことでどこまで行動できるかわからないですよね。でも,そのように考えた上で,できることを見つけることがとても重要です。近くに避難できる建物があれば,入るとよいですね。とはいっても遭わないように行動することが一番です。

現代的諸課題

35 感染症の対策

1 子どもたちにこれを伝えたい！

　感染症が流行すると，欠席者が増え，臨時休業になることもあります。学校でよく流行する感染症には，コロナやインフルエンザ，水ぼうそう，手足口病，感染性胃腸炎などがあります。感染症には，どのような経路で体の中に進入するかに違いがあります。感染症対策をするには，感染経路を理解した上で対策をしなければ意味のない対策になりかねません。主な感染経路には，空気感染，飛沫感染，接触感染，経口感染があります。感染症毎に感染経路を理解し，正しい対策ができる力を育てたいですね。感染経路の理解を誤り，間違った対策をとることが人権問題になることもあるので，正しい知識と行動ができなければなりません。

2 指導のアドバイス

　感染症対策には，感染経路の遮断，病原体の排除，抵抗力の向上の３つの視点があります。特に感染経路の遮断が感染拡大防止のためには重要だとされています。これら３つの視点から感染症対策を考える活動を行うとよいでしょう。コロナが流行していたときには，給食は前を向いて黙って食べていました。感染拡大を防止するためです。これはインフルエンザ流行前にも同様のことが言えます。コロナだからではなく，感染経路を遮断するためにとっていた行動だと理解すれば，同じ感染経路で流行する感染症対策としては，有効になります。生活科や保健，給食の時間以外にも普段の学校生活の中に，学習場面は溢れていますので，流行前から指導するようにしましょう。

手洗い指導

■そのまま話せる「導入」

あなたは外でたくさん遊んでおうちに帰ってきました。目の前には，冷たい水と大好きなおやつがあります。この後，あなたがとる行動と理由を説明しましょう。

■子どもの反応

先に手洗いうがいをして，ランドセルを片付けてからおやつを食べます。手が汚いと，ばい菌が体の中に入るからです。

私はすぐに水を飲んでしまうと思います。遊んで帰ってきて喉が渇いていると思うからです。

まずは手を洗います。そして先に水を飲みます。水分をとらないと，熱中症になって倒れるからです。

手洗い，うがいをして，菌を落とします。それから宿題をしてからおやつを食べます。

■そのまま話せる「まとめ」

手や口の中には，汚れの他にも感染症の原因となる病原体もくっついています。その病原体を体の中に入れないためにも，手洗いやうがいが大切になってきます。人ごみの中にいたときやいろいろなものを触ったときは特に注意が必要ですね。

Chapter 2　週1回×10分間の安全教育シナリオ　157

公共の場での咳エチケット

■そのまま話せる「導入」

人がいる場面で咳が出ることはありますよね。自分が感染症にかかっている場合，咳やくしゃみと一緒に病原体が外に出て感染を拡大させるかもしれません。感染拡大させないために何か対策はできませんか？

■子どもの反応

マスクを付けるとよいと思います。

マスクを付けていても，病原体を外に出すのは完全には防げないと思います。さらに，人のいない方を向いてするといいと思います。

マスクがない場合もあると思うので，そのときは，ハンカチや腕を当てるなどして，病原体が外に出にくくするといいと思います。

くしゃみが出るときも，食べ物のない方や人がいない方を向いて，手で押さえてしなければならないと思います。

■そのまま話せる「まとめ」

まずは自分の体調を自分で理解しておく必要がありますね。風邪気味，咳やくしゃみ，鼻水が出るというときはあらかじめマスクを付けるようにするとよいですね。飛沫によって感染する感染症があることも理解しておくとよいでしょう。

感染症予防の環境づくり

■そのまま話せる「導入」

感染症予防のためには，感染経路を遮断するために手洗いうがいをすることは大切ですね。感染拡大を防止するための環境づくりとして，できることはないか考えてみましょう。

■子どもの反応

換気だと思います。部屋を閉め切っていると，病原体もそこに居続けるので，換気をして空気を入れ替えるといいと思います。

乾燥しているとウイルスの動きが活発になると聞いたことがあります。加湿器を置いて，湿度を上げるといいと思います。

学校に加湿器はないので，教室では，タオルを濡らして干しておくといいと思います。

感染症が流行しそうな時期には，コロナが流行していたときみたいに，給食は前を向いて話さずに食べるといいと思います。

■そのまま話せる「まとめ」

病原体の特性を知り，感染経路を断つようにするとよいですね。もう1つ大切なことがあります。それは自分自身の体調です。抵抗力が下がっていると感染症にかかりやすくなります。食事，運動，睡眠を見直し，規則正しい生活を送ることが大切になりますね。

【著者紹介】

山崎　雅史（やまさき　まさし）

園田学園女子大学　人間教育学部　児童教育学科　准教授。
1979年鹿児島県で生まれ，大阪で育つ。
横浜国立大学教育学部小学校教員養成課程体育専攻卒業　学士（教育），大阪大学大学院人間科学研究科修了　修士（人間科学）。
大阪府公立小学校教諭，在カラチ日本国総領事館付属日本人学校教諭，豊中市教育委員会指導主事，大阪教育大学附属池田小学校指導教諭として勤務。大阪教育大学附属池田小学校では学校安全主任として安全管理や安全教育の推進に取り組む。
2022年4月より現職。専門は安全教育・安全管理，体育科教育。
〈主著〉
『小学1年生はなぜ椅子でシーソーをするのか　行動の背景から読み解く対応術』『すべての教師が知っておきたい体育授業のヒヤリハット　今すぐできる予防スキル80』（何れも単著，明治図書出版）
『『365日の全授業』DX 小学校体育』『学習カードでよくわかる365日の全授業　小学校体育』シリーズ，『安全と見栄えを両立する！新「組体操」絶対成功の指導BOOK』（何れも共著，明治図書出版）

何かが起きる前に、誰かが傷つく前に
「週1回×10分間」で学べる安全教育

2025年2月初版第1刷刊　Ⓒ著　者　山　崎　雅　史
　　　　　　　　　　　　発行者　藤　原　光　政
　　　　　　　　　　　　発行所　明治図書出版株式会社
　　　　　　　　　　　　http://www.meijitosho.co.jp
　　　　　　　（企画）木村　悠（校正）川上　萌
　　　　　　　〒114-0023　東京都北区滝野川7-46-1
　　　　　　　振替00160-5-151718　電話03(5907)6703
　　　　　　　ご注文窓口　　　　　電話03(5907)6668
＊検印省略　　　組版所　日本ハイコム株式会社
本書の無断コピーは，著作権・出版権にふれます。ご注意ください。

Printed in Japan　　　　ISBN978-4-18-036722-1
もれなくクーポンがもらえる！読者アンケートはこちらから
→